MARTHA ALICIA CHÁVEZ

TU HIJO, TU ESPEJO

Un libro para padres valientes

T0178856

DEBOLS!LLO

Primera edición: mayo de 2019

© 2002, Martha Alicia Chávez Martínez
© 2017, derechos de edición mundiales en lengua castellana:
Penguin Random House Grupo Editorial, S. A. de C. V.
Blvd. Miguel de Cervantes Saavedra núm. 301, 1er piso,
colonia Granada, delegación Miguel Hidalgo, C. P. 11520,
Ciudad de México
© 2023, Penguin Random House Grupo Editorial USA, LLC.
8950 SW 74th Court, Suite 2010
Miami, FL 33156

Diseño de portada: Penguin Random House

www.megustaleerenespanol.com

ISBN: 978-1-644730-31-7

Impreso en Colombia – *Printed in Colombia*

23 24 25 26   10 9 8 7 6 5 4

A mis amados hijos Marcia y Francisco:
mis espejos...
mis maestros...

Índice

Introducción

En mi ciudad natal vivían una mujer y su hija que caminaban dormidas.

Una noche, mientras el silencio envolvía al mundo, la mujer y su hija caminaron dormidas hasta que se reunieron en el jardín envuelto en un velo de niebla.

Y la madre habló primero:

—¡Al fin! ¡Al fin puedo decírtelo, mi enemiga! ¡A ti que destrozaste mi juventud y que has vivido edificando tu vida en las ruinas de la mía! ¡Tengo deseos de matarte!

Luego la hija habló en estos términos:

—¡Oh, mujer odiosa, egoísta y vieja! ¡Te interpones entre mi libérrimo ego y yo! ¡Quisieras que mi vida fuera un eco de tu propia vida marchita! ¡Desearía que estuvieras muerta!

En aquel momento cantó el gallo y ambas mujeres despertaron. La madre dijo amablemente:

—¿Eres tú, tesoro?

Y la hija respondió con la misma amabilidad:

—Sí, soy yo, querida mía.[1]

---

[1] Gibrán Jalil Gibrán, «Las sonámbulas», en *El loco,* Orión, México, 1972, pp. 37-38.

11

Recuerdo todavía el impacto que causó este relato en mí cuando en la adolescencia lo leí. ¿Sería eso posible? Me pregunté: «¿Podían existir sentimientos como ésos entre una madre y una hija o entre un padre y un hijo?» Pero dentro de mi asombro sabía que ese relato mostraba en su más dramática expresión una realidad que de una forma visceral yo intuía.

Luego me convertí en madre y después en psicoterapeuta, y en estos diez años en que he acompañado a tantas madres y padres en un tramo de su andar por la vida he constatado muchas veces que hay una «parte oculta» en la relación padres-hijos, conformada por una variedad de facetas de la vida de los padres, proyectadas de manera inconsciente en la vida de sus hijos, proyecciones que se desconocen y se niegan, porque descubrirlas a veces asusta y casi siempre avergüenza.

¿Qué objeto tendría entonces adentrarnos en este laberinto? ¿Para qué leer este libro y correr el riesgo de sentir culpa, dolor o vergüenza? La respuesta es simple: de todas maneras sentimos esto en muchos momentos de la relación con nuestros hijos, sobre todo después de esas explosiones donde surgen los sentimientos reprimidos y negados, donde nos agredimos mutuamente y dejamos la marca de esas ofensas que el tiempo casi nunca borra, y que se van acumulando una sobre otra dañándonos profundamente, tanto a nosotros como a nuestros hijos.

¿No es mejor entonces conocer esa «parte oculta» de nuestra relación? ¿No es mejor saber por qué ese hijo, específicamente él, te saca tan fácilmente de tus casillas, por qué te desagrada tanto, por qué te es tan difícil amarlo, por qué estás empeñado en cambiarlo, por qué lo presionas con tal insistencia para que haga o deje de hacer?

Darte cuenta de qué te pasa con tu hijo te abre la puerta a la posibilidad de un cambio profundo en tu relación con él, y a veces, mucho más frecuentemente de lo que te imaginas, darse cuenta transforma, casi en segundos, estos sentimientos de rechazo, rencor y culpa, que pueden resultar devastadores. Muchas veces he sido testigo del profundo cambio de percepción y sentimientos de los padres respecto a sus hijos con el solo hecho de descubrir y reconocer esa «parte oculta». Mientras no la reconozcamos, difícilmente podremos solucionar los problemas de forma real, profunda y permanente, ya que aun cuando llevemos a cabo cambios de comportamiento, de relación o de comunicación, la sombra de esa «parte oculta» seguirá contaminando y eclipsando cualquier intento de solución.

Vivimos en un mundo con muchos problemas y en el fondo de ellos hay una enorme carencia de amor. Si quieres aportar algo trascendente a la sociedad y al mundo en el que vives, ofréceles hijos amados, inmensamente amados, porque estarás ofreciendo personas honestas, productivas, buenas y felices.

Te invito, pues, a unirte a todos nosotros, padres y madres que, como tú, estamos dispuestos a descubrir esa «parte oculta» de la relación con nuestros hijos, a correr el riesgo de incomodarnos por un rato si esto nos lleva a vivir mejor y amarnos más. Exploremos esto juntos y divirtámonos mientras lo hacemos.

Mi deseo es que este trabajo contribuya a cultivar y fortalecer el amor entre padres e hijos. Bienvenido seas a este libro, escrito para padres valientes como tú. Porque para reconocer la verdad es necesario ser valiente, pero vale la pena, pues la recompensa es enorme. Basta ya de mentirnos, de esconder la cabeza bajo el ala cada vez que vislumbramos una realidad desagradable. La verdad da sosiego, abre puertas; la verdad nos hace libres.

1. Las defensas

Para comprender todo este asunto de la «parte oculta» de la relación padres-hijos necesitamos hablar primero de los mecanismos de defensa. Éstos son medios que utilizamos inconscientemente para hacer frente a las situaciones difíciles, distorsionando, disfrazando o rechazando la realidad y reducir así la ansiedad. Existen alrededor de trece mecanismos de defensa, sin embargo, para los objetivos de este libro nos centraremos en tres de ellos: la proyección, la negación y la formación reactiva. De esta última hablaré en el capítulo 5.

Si bien todos, en ciertos momentos, utilizamos algún mecanismo de defensa, esto sucede en mínimo grado en las personas psicológicamente sanas y maduras, ya que tienen un muy buen grado de autoconocimiento y manejo de sus propios procesos. En efecto, mientras más sana es una persona, menos utiliza los mecanismos de defensa y, cuando lo hace, casi siempre es consciente de ello.

Debido a que en este libro revisaremos las diferentes formas de proyección que los padres activamos con nuestros hijos y cómo la negación nos impide reconocerlos, a continuación explicaré en qué consisten estos dos mecanismos de defensa que son además muy interesantes.

La proyección es el proceso de atribuir a otros lo que pertenece a uno mismo, de tal forma que aquello que percibimos en los demás es en realidad una proyección de algo que nos pertenece; puede ser un sentimiento, una carencia, una necesidad o un rasgo de nuestra personalidad. Si bien la proyección es un mecanismo que puede ser activado ante cualquier persona, en este libro trataremos específicamente la proyección en las relaciones con nuestros hijos.

Pero ¿es posible que exista una relación donde la proyección no ocurra? La respuesta es no. Mientras vivamos en un cuerpo físico en el planeta Tierra estaremos proyectando. Sin embargo, este mecanismo de defensa no está mal en sí mismo, ya que puede ser un eficaz medio de autoconocimiento, pues los demás funcionan como espejos de cuerpo entero que nos permiten ver nuestros rasgos funcionales y disfuncionales, algo que sería muy difícil identificar de otro modo. Por eso se dice que las personas que nos caen mal son una maravillosa fuente de información para detectar lo que no hemos solucionado dentro de nosotros mismos.

Es importante mencionar que la proyección no aparece únicamente en un sentido negativo, es decir, no sólo proyectamos en los otros nuestros conflictos de personalidad, sino también nuestras áreas de luz, de manera que todo eso que te gusta de otra persona es también una proyección de los aspectos bellos y sanos de ti mismo.

Las personas que critican constantemente, que en todo y en todos encuentran un motivo de queja, que perciben siempre el punto negro en el mantel blanco, tienen un gran desprecio por sí mismos, una sombra[1] tan grande que constantemente la proyectan a su alrededor. Asimismo, quienes ven belleza, bondad y luz en otros están proyectando su propia belleza, bondad y luz.

Otro mecanismo de defensa del que es indispensable hablar es el de la negación. Ésta se refiere a la no aceptación de una realidad que puede ser externa, por ejemplo algo que está sucediendo en la vida de las personas, o interna, como una necesidad, un sentimiento, un deseo o un rasgo de personalidad, que resultan amenazantes y difíciles de reconocer.

Lo primero que necesitas hacer, si quieres cambiar algo, es salir de la negación, ya que es imposible manejar lo que no aceptas ni reconoces. ¿Cómo buscas soluciones a un problema si te aferras a la idea de que dicho problema no existe?

Salir de la negación y reconocer que hay algo que no funciona, que necesita ser cambiado, e incluso reconocer que a veces no puedes solo y que necesitas ayuda, es el primer gran paso, sin el cual no son posibles la curación y el cambio. Después de este paso, por cierto quizá el más difícil, todo lo demás viene casi por añadidura.

Pero ¿por qué es tan difícil reconocer nuestros sentimientos mal llamados «negativos» (los sentimientos no son negativos o positivos, simplemente son), como la envidia, el resentimiento, la ira o el miedo? ¿Por qué es tan difícil aceptar que tenemos un problema, que no sabemos cómo resolverlo y que tal vez estemos equivocándonos?

---

[1] Sombra: término propuesto por Carl G. Jung para referirse a los aspectos indeseables de la personalidad que están fuera de nuestra conciencia.

Porque casi todos nosotros crecimos dentro de sistemas familiares, escolares y sociales en los que aprendimos que cometer un error es vergonzoso, así como tener un problema y no saber cómo hacerle frente o necesitar ayuda; todo esto lo vemos como signo de ignorancia, debilidad y por lo tanto preferimos ocultarlo para no sentirnos tontos, débiles o ignorantes. Estos sentimientos «negativos», que todos tenemos, son tan mal vistos socialmente, que aprendemos a reprimirlos, negarlos o distorsionarlos para ser aceptados por quienes nos rodean.

Entonces, poco a poco nos convertimos en expertos en negación y vamos por la vida, a veces durante años, mintiéndonos a nosotros mismos, porque la negación es eso, una gran mentira que apuntalamos y sostenemos a costa de lo que sea para no enfrentarnos a una realidad que nos resulta sumamente amenazante.

Otras importantes razones para mantener la negación son el miedo o la comodidad, ya que si reconoces que hay un problema debes hacer algo al respecto. Aunque parezca increíble, muchas personas continúan en negación aún después de ver evidencias clarísimas del problema. Por ejemplo, ven a su hijo consumir drogas o a su cónyuge tener una relación extramarital, o bien que su hija es víctima del abuso sexual de un familiar: reconocer esto implica tomar decisiones muy drásticas; un divorcio tal vez, una ruptura en las relaciones familiares, una confrontación o, en pocas palabras, entrar en un proceso difícil para el que no siempre se está preparado.

Recuerdo casos drásticos a propósito de la negación, como el de una madre que, teniendo frente a ella a su hijo visiblemente drogado y alcoholizado, repetía sin cesar:

«No está pasando nada, todo está bien». O aquel joven adolescente que presentaba comportamientos verdaderamente alarmantes, como robar en las casas de los vecinos, hurtar motocicletas y artículos en las tiendas; al serle expuesto el caso, su padre argumentaba: «Son cosas propias de la adolescencia». Y la madre de una niña de cinco años que era víctima de abuso sexual por parte de su padrastro; aun cuando la niña había informado sobre esto repetidas veces a su madre, ella le respondía: «No puede ser, seguramente estás equivocada».

Así es la negación; no es que estas personas estuvieran intencionalmente evadiendo la realidad, sino que en verdad no son capaces de verla. Porque reconocerla implicaría tocar cargas enormes de miedo, de culpa, de impotencia y tener que tomar decisiones drásticas y difíciles al respecto.

En ocasiones lo que negamos no son realidades que están sucediendo, sino sentimientos o necesidades a los que por cualquier razón no podemos hacer frente. Decimos entonces cosas como: «Claro que no me molesta», «No me duele», «No me importa», etcétera.

Otra razón por la que nos aferramos tan fuertemente a la negación es que creemos que no ver un problema o un sentimiento significa que éste se va, desaparece. Frecuentemente escucho a personas aconsejar a alguien que está pasando por alguna situación difícil: «No pienses más en eso» o «No hables de eso». Pero las cosas no funcionan así: volver la cara, no querer reconocer un sentimiento, un problema, una realidad, no significa que desaparezca, al contrario, crecerá y echará raíces y se ramificará, hasta que sea tan grande que resulte imposible no verlo. Entonces, sólo hasta entonces, la solución o el cambio se harán inminentes, aunque tal vez serán más complicados y difíciles. Existen problemas que empezaron como pequeñas y débiles ramitas y de tanto negarlos, de tanto no querer verlos, terminaron convirtiéndose en gigantescos árboles. Así pues, para seguir sosteniéndonos en la negación, hacemos cosas como justificar, evadir o descalificar la fuente que nos está informando sobre esa realidad que no queremos ver; esa fuente puede ser una persona cercana, un libro, un conferenciante, un terapeuta, un médico, a quienes descalificamos diciendo: «No sirve», «No es bueno», «Está loco», «Es un mentiroso», etcétera.

Y para finalizar este capítulo quiero pedirte algo: cuando te veas reflejado en alguna de las situaciones expuestas en este libro, no te recrimines, ni te avergüences, pues no eres un monstruo por ello, eres tan sólo un ser humano como yo o cualquiera. Estás haciendo lo mejor que puedes, intentas ser un buen padre, de la mejor manera que conoces, porque detrás de cualquier cosa que haces y dices estás genuinamente buscando la felicidad y el amor, aunque, paradójicamente, lo que haces y dices con frecuencia te aleja de estas metas.

Posiblemente te veas reflejado no sólo en tu rol de padre, sino en tu rol de hijo dentro de tu familia de origen, algo que resultará verdaderamente útil e interesante para comprender mejor tu propia historia.

Después de haber revisado las facetas de la proyección y de la negación que manejamos con nuestros hijos, te presento en el último capítulo algunas herramientas útiles para que encuentres tus propias soluciones. Siempre he pensado que no tiene sentido darnos cuenta de algo si no encontramos los «cómos» que nos ayuden a resolverlo.

20

2. Tu hijo, tu espejo

He explicado en el capítulo anterior el asunto de la proyección porque es precisamente lo que de una forma inconsciente hacemos con nuestros hijos de cualquier edad: proyectar. ¿Proyectar qué? Tus propias expectativas de la vida, tus frustraciones, tus etapas de la infancia o adolescencia donde dejaste conflictos sin resolver, tus «hubiera», tus necesidades insatisfechas y también tus áreas de luz.

Tal vez al leer esto tu primera reacción sea: «Por supuesto que no, yo no hago eso con mis hijos», pero permíteme recordarte que simplemente no eres consciente de ello. No es que un día te hayas sentado a planear todas estas cosas, sino más bien son cosas no conscientes, es decir, que están manejadas por esa parte de la psique llamada inconsciente, que está compuesta por impulsos inaceptables, deseos, experiencias y recuerdos que no pueden ser integrados por el yo. El inconsciente, aunque no se experimenta directamente, ejerce efectos profundos y significativos en tu vida.

La función del inconsciente es protegernos, resguardar todo aquello a lo que nos es difícil o doloroso hacer frente.

Pero también puede ayudarnos a cerrar nuestros asuntos inconclusos echando mano de las herramientas personales de que disponemos y nos puede proporcionar todo el potencial necesario para la curación y el cambio, porque el inconsciente no sólo es el depósito del material amenazante, sino además es el cofre de tesoros no descubierto, donde se encuentran tus recursos, tus aprendizajes, tus «cómos».

Así pues, esto que estoy llamando la «parte oculta» de la relación con nuestros hijos se produce de manera inconsciente y no como resultado de una decisión intencional y consciente por parte de los padres.

En mis cursos y conferencias comento que en toda familia conformada por dos o más hijos, siempre hay un hijo al que llamo «oasis» y un hijo al que llamo «maestro». El oasis es ese hijo o hija que casi se autoforma y se autoeduca, a veces parece que ya nació formado y educado. ¡Es tan fácil ser padre de ese hijo!, es responsable, no da problemas y la relación con él o ella fluye fácilmente.

El hijo «maestro», en cambio, nos lleva de cabeza, es el que nos hace madurar, aprender y crecer, el que nos hace leer libros, ir a terapia, cursos y conferencias para encontrar la forma de lidiar con él, nos hace alzar los ojos al cielo en busca de ayuda y con ello nos acerca a nuestra parte espiritual. Nos acerca a un Ser Superior, al que cada cual nombra o concibe a su manera.

Es difícil ser padre de estos hijos «maestros», a veces pensamos que están mal, que hay algo equivocado en ellos, pero créeme, no es así. Yo creo profundamente que nuestras almas —las de los padres y las de los hijos— se atrajeron mutuamente para crecer juntas; dicho de otro modo, nosotros elegimos a nuestros hijos y ellos nos eligieron a

nosotros. Si te suena descabellado, revisa con todo deteni-
miento lo que ese hijo «maestro» te ha «obligado» a aprender y a buscar; las búsquedas siempre conducen a algo bueno. Con los hijos difíciles tenemos la mejor oportunidad de
aprender, entre muchas otras cosas, el amor incondicional.

No significa que los demás hijos no nos ayuden a
aprender y a crecer, ellos lo hacen de diferente manera,
por otros caminos; tampoco significa necesariamente que
el hijo «oasis» será el más sano, exitoso y feliz, y que el
hijo «maestro» será el enfermo, fracasado e inadaptado; te
sorprenderá saber que, con frecuencia, el hijo difícil es el
más sano de la familia.

Hay muchos factores que debemos tener en cuenta para
emitir un pronóstico respecto a salud y enfermedad, o a
éxito y fracaso en la vida; incluso tendríamos que defi-
nir primero a qué estamos llamando éxito, fracaso, salud
y enfermedad. Nos limitaremos entonces a decir que lo
que pasa en la infancia o la adolescencia de un hijo no necesariamente determina lo que será su vida adulta.

Comencemos ahora a explorar paso a paso cada una de
esas proyecciones inconscientes que en alguna medida los
padres hacemos con nuestros hijos, para que, después de
darnos cuenta, podamos encontrar juntos nuevas formas
de relación.

3. Yo no pude hacerlo, hazlo tú por mí

Tus hijos no son tuyos. Son los hijos y las hijas del anhelo de la Vida por perpetuarse. Llegan a través de ti, pero no son realmente tuyos. Y aunque están contigo, no te pertenecen.

Podrás darles tu amor, pero no tus pensamientos, porque tienen sus propios pensamientos. Podrás albergar sus cuerpos, pero no sus almas, porque sus almas moran en la casa del mañana, que no puedes visitar, ni siquiera en sueños.

Podrás, con mucho, parecerte a ellos, mas no trates de hacerlos semejantes a ti.

Porque la vida no retrocede, ni se estanca en el ayer. Eres el arco para que tus hijos, flechas vivientes, se lancen al espacio.

El arquero ve la marca en lo infinito y Él es quien te doblega, con su poder, para que sus flechas partan veloces a la lejanía. Que el doblegamiento en manos del arquero sea tu alegría, porque aquel que ama a la flecha que vuela, también ama al arco que no viaja.[1]

---

[1] Gibrán Jalil Gibrán, *El profeta,* Orión, México, 1972, pp. 37-38.

25

Laura,[2] de 13 años, llegó una tarde a consulta llevada por sus padres Alfonso y Lucía. La chica se estaba volviendo muy difícil, decía Alfonso, lloraba y se quejaba a todas horas y de todo; ambos discutían frecuentemente y ella que solía ser cariñosa con él, ahora se mostraba hostil y agresiva. Laura, por su parte, señalaba exactamente lo mismo respecto al padre y agregaba: «Me trata como a un trapo».

La madre casi ausente, periférica, aislada, decía estar cansada de oírlos discutir todo el día y ya no tenía ánimos ni siquiera para opinar.

Cuando dos personas se relacionan como Laura y su padre lo hacían, no hay duda de que ambos están muy dolidos y que detrás de sus agresiones se oculta la necesidad de amor y atención mutua. Sin embargo, ninguno era consciente de ello. Sentirse tan heridos y enfadados les impedía ser capaces de descubrir cuándo se rompió algo en su relación, que solía ser afectuosa. Si bien es cierto que estos cambios ocurren en la pubertad y la adolescencia, en este caso el drástico giro hacia la hostilidad y la agresión entre Laura y Alfonso iba más allá del cambio «normal» que un adolescente experimenta en la forma de relacionarse con sus padres.

Era obvio que, por alguna razón, el padre estaba profundamente resentido con su hija y él había iniciado el cambio en la dirección de su relación, ante lo que ella solamente había reaccionado.

---

[2] Los nombres de todas las personas que se mencionan en cada uno de los casos presentados en este libro han sido cambiados para proteger su intimidad.

Cité a padre e hija en la siguiente sesión y empecé a explorar esos resentimientos del padre hacia ella que, dicho sea de paso, mantenía bien reprimidos y negados. Los padres hacemos esto: negar los resentimientos hacia nuestros hijos porque nos parece imperdonable tenerlos.

Le expliqué a Alfonso que es normal que a veces los padres estemos resentidos con un hijo y que esto no significa que no lo amemos o que seamos malos padres. Le comenté que es indispensable reconocer esos sentimientos para poder curarlos y dar paso al amor; sólo entonces él empezó a abrirse poco a poco, hasta que en un momento dado, con lágrimas en los ojos y la voz entrecortada, le dijo a su hija:

—Laura, estoy muy resentido contigo: no te imaginas cómo me ha dolido tu indiferencia con el piano. Tú no sabes todo lo que tuve que hacer para poder comprarlo. Vendí mi reloj preferido, pedí prestado, usé mis ahorros para comprarte ese estupendo piano, busqué al mejor maestro de la ciudad y mira para qué, tú cancelas las clases, jamás practicas y el piano se pasa semanas sin que ni siquiera lo abras.

Laura estaba conmovida, yo también; era conmovedor ver a ese hombre enorme llorando y hablando como un niñito dolido. Laura empezó a justificarse y a dar una larga lista de excusas por las que no usaba el piano y cancelaba sus clases, hasta que la detuve y le pedí:

—Laura, di la verdadera razón por la que lo haces, di a tu padre qué sientes respecto al piano y a su interés en que aprendas a tocarlo.

Ella, por su parte, estalló también en sollozos y le dijo:

—Yo nunca te pedí un piano, tú dijiste que lo ibas a comprar porque era un hermoso instrumento y te encantaría que yo lo tocara. A mí no me gusta, y te lo dije entonces. Simplemente no me interesa, cuando paso junto a él se me hace un nudo en el estómago y no quiero ni verlo, porque me siento tan presionada por ti, tan culpable porque sé el enorme esfuerzo que hiciste para comprarlo, pero yo nunca te lo pedí, no puedo tocarlo, no quiero tocarlo.

Todavía en estos momentos, Alfonso seguía percibiendo a su hija como desagradecida, desconsiderada y tonta porque no apreciaba algo tan maravilloso como era tocar el piano. Fue necesario trabajar en un proceso individual con él para que comprendiera lo que le estaba pasando en un nivel muy profundo e inconsciente con el asunto del piano.

Alfonso fue un niño pobre, que durante muchos años deseó tener un piano y aprender a tocarlo, pero esto nunca sucedió. Ahora como adulto, al comprar el piano para Laura y contratarle al mejor maestro, inconscientemente trataba de llenar ese espacio que quedó vacío en su vida, o mejor dicho, quiso que Laura lo llenara por él.

Con frecuencia, los padres creemos que somos demasiado viejos para intentar algo, o que no es correcto gastar tanto dinero en nosotros mismos; entonces, sin ser conscientes de que ésa es la razón, mostramos un fuerte interés para que nuestros hijos hagan o aprendan ciertas cosas. Así, simbólicamente, llenamos a través de ellos ese espacio vacío en nuestras vidas.

Las respuestas de Alfonso cuando lo cuestioné por qué no se daba la oportunidad de estudiar piano ahora que ya era un adulto, ahora que ya no necesitaba que nadie se la proporcionara —ésta es, por cierto, una de las hermosas ventajas de ser adulto— hacían hincapié en que compró el piano para su hija porque hacerlo para sí mismo habría sido un desperdicio, un gasto superfluo, innecesario e imperdonable ante los ojos de él y de su esposa. Sólo pudo decidirse a pagar esas clases para él cuando reencuadramos el asunto imaginando que lo hacía para su niño interior, para el niño que un día fue y que todavía tenía tantas ganas de tocar el piano.

Al comunicarse Alfonso y Laura respecto a esto, al comprender lo que uno y el otro estaban sintiendo, la relación entre ellos mejoró notablemente y aprendieron la importancia de hablar de lo que se siente.

Felipe, un profesional muy exitoso de 45 años, se enfrentaba al hecho de que Mario, su inteligente y brillante hijo de 18 años, debía elegir la universidad donde estudiaría su carrera; ambos sentían predilección por la más prestigiosa universidad del país. En ella Mario hizo un excelente examen de admisión y fue aceptado de inmediato; el padre se sentía sumamente satisfecho y orgulloso de su hijo.

En el proceso de inscripción y al conocer más a fondo el funcionamiento y los sistemas de enseñanza de la universidad, Mario cambió de opinión; tenía la sensación de que esa institución coartaba la personalidad del individuo y lo reducía a simple estudiante, de que con los altísimos niveles académicos que la universidad exigía no podría hacer nada más que estudiar («¡como si estudiar fuera lo único importante en la vida!», afirmaba). Él quería seguir escalando los fines de semana y tener tiempo para sus amigos, y comentó sus observaciones con Felipe, su padre, quien reaccionó con total desacuerdo.

Con el paso de los días las discusiones entre ambos seguían y el desacuerdo era cada vez mayor. El padre estaba sumamente enfadado, cada vez más, hasta tal punto de que uno de esos días lanzó a Mario una tajante amenaza: si no estudiaba en esa universidad no le volvería a dirigir la palabra, y aunque le pagaría su carrera en otra institución, no lo apoyaría en nada más «por el resto de su vida».

Es comprensible y normal que un padre se interese en que su hijo estudie en la mejor universidad y que intente convencerlo de lo que él, desde su experiencia, considera lo mejor. Pero cuando esa insistencia es de tal magnitud y ese interés se antepone a todo, incluso al amor y a la relación con su hijo, tiene que haber algo más; algo muy personal e inconsciente que roe las entrañas del progenitor y lo proyecta en esa situación.

Y así ocurría. Cuando Felipe era joven le costó muchísimo esfuerzo que lo aceptaran en esa misma universidad; el conseguirlo significó un gran logro para él y un orgullo para su padre, hombre por lo demás frío y exigente. No obstante, al tercer semestre fue expulsado por no cumplir con los requerimientos académicos, o dicho en palabras de él mismo: «No estaba a la altura». Dicha expulsión supuso una gran vergüenza para él y una gran desilusión para su padre, que se lo reprochó durante años.

Ahora, a través de su inteligente y brillante hijo, Felipe buscaba simbólica e inconscientemente resarcirse de esa frustración, reivindicarse a sí mismo ante esa universidad y de paso ante su propio padre.

De nuevo vemos aquí ese mensaje directo y tajante que el padre envía, un mensaje del que él mismo no es consciente, que no se dice con palabras, pero que es comprendido claramente por el inconsciente del hijo: «YO NO PUDE HACERLO, HAZLO TÚ POR MÍ».

Estos dos casos plantean situaciones donde los hijos han sido fuertes para resistirse a la presión del padre, y aunque pudiéramos pensar que eso está mal, en realidad muestra una gran fortaleza interior y determinación de estos jóvenes para defender a capa y espada lo que quieren. Desafortunadamente, hay casos como el siguiente, donde el hijo termina renunciando a sí mismo, convirtiéndose en lo que no quiere ser, para ser esa extensión de su madre o padre frustrados.

Ernesto tiene 28 años, sufre depresiones, atraviesa por una evidente crisis existencial y no le encuentra sentido a su vida. Es sumamente sensible y le encanta leer libros profundos, filosofar, pintar, escribir; posee toda la personalidad del artista y filósofo, pero es administrador de empresas con un posgrado en finanzas y está a punto de inscribirse en un máster en desarrollo organizacional.

—¿Te gusta lo que haces? —le pregunto.

—Pues… sí…, por aquí está el futuro más prometedor —me contesta, con un tono de voz y un lenguaje corporal que no me permiten creerle. Me siento impulsada a preguntarle de quién son esas palabras, porque está claro que suyas no son. Al hacerlo sólo se encoge de hombros y sonríe como única respuesta.

El padre de Ernesto, un hombre sumamente rígido y amargado, tuvo una boyante empresa familiar, heredada de varias generaciones anteriores y que se fue a la quiebra, según dicen, por su mala administración.

—Debí estudiar cosas relacionadas con la administración de empresas como mi hijo —comenta el padre con evidentes signos de culpa, frustración y amargura por ese fracaso que todavía no se perdona y que muchos no le perdonan tampoco. Venciendo obstáculos de toda índole, logró levantar otra pequeña empresa que es la que ahora su hijo Ernesto, «que sí sabe de eso», administra.

Lamentablemente, Ernesto compró la idea, se identificó, sin darse cuenta, con esa parte de la historia de su padre y creyó que eran sus decisiones, que estaba haciendo con su vida lo que él había elegido. Aunque en cierta medida se daba cuenta de todo esto, no se atrevió nunca a contradecir a su padre o a «fallarle», como él decía, estudiando filosofía, arte o cualquiera de esas cosas que tanto le gustan, pero que «No sirven para nada» según palabras de su padre.

Ernesto estaba cargando con decisiones en parte impuestas por su padre —y un tanto impuestas por sí mismo— que lo hacían sentirse responsable de rehacer la historia de su progenitor y evitar que éste llevara de nuevo a pique la empresa que iba floreciendo.

El hecho de que un hijo ayude en la empresa o en el negocio familiar o que continúe haciéndose cargo de él no está mal en sí mismo; el problema se presenta cuando su vocación, su personalidad y sus intereses difieren de esa actividad. Es entonces cuando la renuncia del hijo a ser él mismo y realizar su propia vocación se cobra un precio muy alto.

La insatisfacción con la propia vida, la represión y la frustración de los más profundos deseos y aspiraciones son algunos de los más importantes factores que conducen a la infelicidad y a la enfermedad emocional.

Con frecuencia me encuentro con que la problemática de la elección de carrera en los jóvenes afecta profundamente a los padres, a los hijos y la relación entre ambos.

No hay duda de que la presión que muchos padres ejercen sobre los hijos para que estudien o no estudien una determinada carrera está movida por un interés de bienestar y amor para ellos, pero no perdamos de vista que el éxito profesional no lo brinda la carrera, ni siquiera, de manera determinante, la universidad en que se estudie, sino más bien la persona. No hay carreras de éxito, hay personas exitosas.

Todos venimos a la vida a hacer algo —a eso lo llamamos vocación o misión—, nacemos con habilidades y talentos para ello, desde niños sabemos cuáles son; es más, jugamos a eso. Sin embargo, los miedos, los prejuicios y las opiniones de los adultos que nos rodean comienzan poco a poco a influenciarnos y a poner en duda esa claridad respecto a nuestra vocación, de modo que cuando llegamos a la adolescencia nos convertimos en uno de esos jóvenes que han olvidado lo que quieren en la vida y para qué son buenos.

Pero una cosa es cierta: cuando alguien hace algo congruente con su vocación, se le facilita su actividad, la ama, la disfruta, la desempeña bien y por lo tanto el éxito vendrá por añadidura. Estos factores no se inyectan desde afuera con una carrera o una universidad, se llevan dentro.

He escuchado la preocupación de muchos padres de que si su hijo estudia determinada carrera va a fracasar y no va a obtener el dinero suficiente para mantener a una familia. Usan esa típica expresión de «Con eso te vas a morir de hambre». Te diré algo: es mucho más probable que fracasen, no puedan mantener a una familia y «Se mueran de hambre» si estudian una carrera que no les gusta y que no es congruente con lo que ellos son. No así si estudian lo que a ellos les atrae, les llena el alma y les inspira un profundo interés. Aceptémoslo de una vez: la carrera en sí misma no tiene el poder de dar éxito; el éxito es una conjunción de muchos factores que tienen que ver con la persona misma… punto.

Es comprensible, aceptable y válido que algunos padres oscilen entre presionar al hijo para que se decante por determinada carrera y luego puedan darse cuenta de que están ejerciendo demasiada presión y echarse atrás, para después volver a presionar y así sucesivamente. Pero algo que me indigna sobremanera son aquellos padres que retiran el apoyo, el amor y la aceptación a un hijo sólo porque se rehúsa a estudiar o a dedicarse a lo que ellos desean.

Otro caso que muestra claramente este asunto de YO NO PUDE HACERLO, HAZLO TÚ POR MÍ es el de una madre que deseaba con toda su alma ser una famosa bailarina y las circunstancias, o su limitada habilidad, no lo permitieron. Ella ha forzado a veces directa y a veces sutilmente durante 12 años a su hija Katia, ahora de 17 años, a que fuera bailarina, llevándola cuatro tardes por semana a clases de ballet, con frecuencia incluso los fines de semana. Ha utilizado el chantaje sentimental y todo tipo de manipulaciones cada vez que la hija ha insinuado que ya no quiere ir.

Katia llora ante mí diciendo: «Se me fue la infancia encerrada en una academia de baile», al recordar cuando sus amigas de la escuela se ponían de acuerdo para salir por la tarde o el fin de semana y a ella le decían: «Tú no puedes, ¿verdad?», y efectivamente no podía, tenía que ensayar, tenía que ser la bailarina perfecta que su mamá hubiera querido ser; tenía que ser la joya que su mamá decía que parecía cuando bailaba.

En ese momento de su vida Katia empezaba a desarrollar bulimia,[3] ese grave trastorno alimenticio que si bien responde a una gran cantidad de factores que lo causan y perpetúan, en este caso específico cumplía además la función de agredir a la madre y evitar seguir haciendo algo que no quería. Como si la chica hubiera tenido que crear una enfermedad suficientemente fuerte que dijera ¡YA NO!, pues ella no podía hacerlo por sí misma, y suficientemente poderosa como para detener la tremenda presión y los chantajes que la madre ejercía para que continuara bailando; como si su trastorno fuera la única parte de sí misma que sólo ella controlaba.

Huelga decir que siendo la madre de Katia una frustrada bailarina de ballet que se quedó con las ganas de brillar, intentaba inconscientemente curar su frustración y fracaso a través de su hija, a costa de lo que fuera.

He presentado casos en los que se muestra esta dinámica en su más cruda expresión, pero no siempre es así de claro; a veces es muy sutil: los padres mandan mensajes casi subliminales, casi imperceptibles que van conduciendo al hijo a cumplir sin darse cuenta ese decreto de YO NO PUDE HACERLO, HAZLO TÚ POR MÍ.

Existe una gran diferencia entre guiar y aconsejar a un hijo en algo —es obvio que por su experiencia el padre sabe más—, y forzarlo, presionarlo o condicionarlo para que tome el camino que el padre supone que es el mejor.

---

[3] La bulimia es un grave trastorno alimenticio que consiste en la ingesta incontrolable y compulsiva de grandes cantidades de alimento, seguida por el vómito provocado intencionalmente con el fin de no engordar y de dolorosos sentimientos de culpa y vergüenza.

Cuando te encuentres a ti mismo insistiendo demasiado, presionando mucho, o muy enfadado porque tu hijo no accede a hacer algo que tú quieres que haga, vuelve la mirada hacia ti mismo y revisa cuál es esa parte de tu propia historia que estás tratando de resolver a través de él.

Es tan fuerte a veces este mensaje, que aun cuando los padres, o uno de ellos, han muerto, el hijo puede seguir sometido a este decreto, realizando actividades que en realidad no desea, convirtiéndose en una extensión del padre muerto, quien ya no puede satisfacer sus aspiraciones.

Algunas veces esto se cumple más allá de decisiones como la vocación o los pasatiempos, es decir, que se extiende no sólo al hacer, sino también al ser; ser como el padre o la madre hubiera querido ser, o hasta contraer matrimonio con el tipo de persona con la que el padre o la madre hubiera querido casarse.

El meollo de este asunto es así de claro: a pesar de ser el padre o la madre, no tienes derecho a exigir, ni siquiera a esperar que tus hijos sean una extensión de ti mismo, que ellos pongan fin a tus asuntos inconclusos y curen tu frustración y amargura.

Curar la propia historia le corresponde a cada cual y siempre hay formas de hacerlo. Casi siempre podrás llevar a cabo esas cosas que te quedaste con ganas de hacer (como Alfredo y el piano) y cuando ya tu realidad no te lo permita (como en el caso de la madre de Katia y el ballet), te queda la posibilidad de trabajar en reconciliarte con tu propia vida, amar tu pasado tal como fue, encontrar la manera en el aquí y ahora, de acuerdo con tu realidad, de construir un proyecto de vida que te haga ser lo más feliz posible.

Esto es real, esto se puede hacer, y si para lograrlo requieres de ayuda profesional: ¡adelante!, búscala, reconcíliate con tu propia historia y deja libres a tus hijos para vivir la suya, desarrollando sus propios talentos y cumpliendo el propósito para el cual están aquí.

4. Cuando ser padre agobia

«Mis hijos me pesan tanto que algunos días, a escondidas, siento deseos de huir. Si me quedo no es para cumplir con mi deber sino porque sé que una vez que me haya ido no aprovecharé mi libertad, no encontraré esa indiferencia que tanto deseo. Sé, por experiencia, que no descansaría hasta saberlos en paz, responsables de sí mismos, felices si es posible.»[1]

Valiente mujer al atreverse a escribir algo así y mostrar abiertamente un sentimiento que en algún momento de nuestra vida todos los padres experimentamos.

Decía una amiga, abrumada con su bebé de nueve meses y su hija de cuatro años: «Ay, Martha, cómo me gustaría que ya fueran grandes y estuvieran casados». Es cierto que ésta es una anécdota curiosa que puede provocar risa. Sin embargo, cuando la cuento en público no son las risas, sino las múltiples reacciones de asombro y desaprobación hacia esa madre agobiada las que me sorprenden: «¡Ay,

---

[1] Marie Cardinal, *La llave en la puerta,* Argos Vergara, Barcelona, 1990.

qué mala!», «¡Pobres niños!», «¡Qué bárbara!». Si somos honestos, todos algún día hemos deseado que llegue ese momento, añorado por mi amiga, en que nuestra responsabilidad directa como padres termine.

A veces tenemos ganas de que nuestros hijos desaparezcan por un rato para, por supuesto, luego recuperarlos, porque no hay duda de que los amamos, no hay duda de que queremos cumplir con nuestra responsabilidad como padres. Deseamos estar a su lado y compartir nuestra vida con ellos, pero esa otra parte, ese sentimiento secreto que brota en ciertos momentos, es también real.

¡Ah, si los padres habláramos de esto entre nosotros; si nos atreviéramos a expresar ante nuestros amigos esa sensación cuando estamos abrumados! Si nos atreviéramos por lo menos a confesárnoslo a nosotros mismos, qué rápido pasaría, ¡qué rápido podríamos sentirnos de nuevo serenos y en paz! ¿Y por qué no lo hacemos? Porque el solo hecho de reconocerlo nos hace sentir malos, culpables y avergonzados, y además si lo expresamos en público somos criticados y juzgados; ésa es la realidad. Aun cuando cada uno de los padres que escucha una confesión como ésta ha sentido lo mismo alguna o muchas veces, no se atreverá a aliarse al desnaturalizado padre que lo está expresando, por miedo a ese duro juicio que se emitirá sobre él también. Ojalá los padres fuéramos más compasivos los unos con los otros.

En general, los sentimientos de agobio de la madre tienen que ver con sus funciones —desde cuidarlos, ayudarlos con los deberes, atenderlos, hasta cocinar para ellos, limpiar, lavar, etc.—, mientras que para el padre están relacionados con su función de proveedor.

He tenido en mi consultorio una buena cantidad de madres y padres que me expresan su frustración, su desilusión y a veces su resentimiento, porque se sienten usados por sus hijos. Las madres se sienten tratadas como sirvientas y los padres como proveedores, y afirman que sus hijos lo único que quieren de ellos es que cumplan lo mejor posible esa función.

En una ocasión, un padre me confesó avergonzado que frecuentemente, en secreto, hacía cuentas de todo el dinero que le quedaría disponible para él si no tuviera que pagar escuelas, comida, ropa, etc., para sus hijos. Al mismo tiempo decía: «Me siento culpable de pensar eso, porque tengo la certeza de que sí quiero hacerlo, en verdad quiero mantenerlos, con todo mi corazón lo deseo, porque los quiero mucho».

Y es cierto, el hecho de que la responsabilidad a ratos nos pese no significa que no deseemos cumplirla; éste es uno de esos aspectos de la vida donde dos cosas que parecen contradictorias coexisten, se tocan, se juntan y ambas son verdaderas.

Pero ¿qué sentido tendría poder hablar de estos sentimientos secretos sin sentirnos juzgados?, o ¿para qué reconocerlos ante ti mismo si quizá te produzcan culpa y vergüenza? La respuesta es así de simple: cuando por mucho tiempo hemos negado y reprimido algún sentimiento, éste va a buscar formas alternas de salir; así son los sentimientos —recuerda que no querer verlos no significa que se vayan—, y entonces desarrollamos ciertos rasgos, como una preocupación extrema por el bienestar de los hijos o un importante y limitante miedo a que les pase algo.

Si bien es normal que los padres nos preocupemos en cierta medida por el bienestar de nuestros hijos, no lo es cuando esa preocupación llega a grados en los que, por ejemplo, no les permitimos salir por el miedo a que algo les pase, o no podemos dormir mientras están fuera de casa, o vivimos en una constante angustia por todas las cosas terribles que les podrían pasar. Si le ponemos palabras a esa dinámica inconsciente, diríamos: «No vaya a ser que la vida me tome la palabra y me los quite».

Julia era madre de tres adolescentes, su preocupación alcanzaba tales cotas que cuando sus hijos salían de noche, ella entraba en una verdadera crisis de angustia que desaparecía por arte de magia en cuanto regresaban. Cuando Julia llegó a mi consulta ya empezaba a presentar esa angustia durante el día, ante hechos tan simples como que los chicos asistieran a la escuela; así, necesitaba que ellos la llamaran al llegar, o que estuvieran en permanente contacto desde el lugar donde anduvieran para saber que estaban bien. Los hijos, por supuesto, se sentían abrumados por la preocupación de la madre y ella no podía controlarla.

Cuando cuestioné a Julia respecto a cómo estaba sintiéndose en esos momentos de su vida con su papel de madre, ella contestó rápidamente de la forma en que lo hacen todas las «buenas madres»: «Muy bien, los quiero muchísimo, ellos son lo más importante para mí». Al escuchar mi hipótesis de que su gran preocupación se debía a que estaba sintiendo rechazo por ellos o en ese momento de su vida estaba cansada y agobiada por ser madre de tres adolescentes, tarea nada fácil, reaccionó justo como reaccionan las «buenas madres»: «Por supuesto que no, Martha, yo los quiero muchísimo, ¿cómo voy a sentir rechazo hacia ellos?»

Dentro de su proceso terapéutico, llegó el momento en que Julia reconoció sus sentimientos y confesó que, aun con todo su amor por ellos, a veces pensaba que viviría más cómoda y tranquila si no hubiera tenido hijos y que veía con cierta envidia a su hermana soltera que viajaba con frecuencia. Cuando pudo reconocer, tocar, trabajar y reconciliarse con la parte de ella que guardaba esos sentimientos secretos y vergonzosos, su extrema preocupación disminuyó de manera sorprendente: podía dormir tranquila cuando sus hijos salían, dejó de necesitar que la llamaran constantemente para saber que estaban bien y la angustia desapareció.

Así de maravillosa es la verdad, así de sorprendente es el cambio de sentimientos y comportamientos que podemos experimentar cuando la reconocemos. «¡La verdad nos hará libres!» y reconocerla no significa que haya que gritarla a los cuatro vientos para que el mundo se entere; reconocerla significa que la expresas para ti mismo, es una autoconfesión y sólo si lo deseas la puedes compartir con otro ser humano.

Sin embargo, a veces no basta con reconocer estos sentimientos y es necesario un proceso más largo y profundo para resolverlo; en otras ocasiones hay un componente orgánico en esta clase de angustia y es necesario recibir medicación. Lo que sí aseguro es que reconocer tus sentimientos de agobio ante tus hijos, en los momentos en que los sientes, te abre la puerta a la solución. Si lo deseas, trabaja con lo que te propongo en el capítulo 12 para sanar estos miedos.

Ahora soy madre de dos veinteañeros y durante toda su adolescencia, tal como ahora, he intentado ser muy consciente de esos momentos en que me siento especialmente preocupada por ellos. En cuanto empiezo a notar esos sentimientos en mí, de inmediato me exploro a mí misma y me doy cuenta de que estoy en una de esas etapas en que me siento abrumada por la responsabilidad de ser su madre; lo reconozco sin juzgarme, con compasión y respeto hacia mí misma; me digo cosas como: «Te entiendo, no es para menos, estos días has tenido muchas presiones, has estado trabajando mucho, además estás triste por tal cosa o estás pasando un fuerte síndrome premenstrual o simplemente no estás de humor».

Algunas veces decido hablarlo con una de mis queridas amigas que me comprende y me escucha sin someterme a juicio. Sea como sea, siempre me sorprende lo rápido que recupero la tranquilidad y la confianza en la vida bondadosa y en la Divinidad que protege a mis hijos dondequiera que van. Lo cierto es que los amo y, sin duda, quiero estar con ellos.

5. El rechazo y sus máscaras

El rechazo es ese ácido caliente que se cuela en cada espacio de nuestra relación con el hijo rechazado, es esa espina que se clava en el corazón y duele y no nos atrevemos a cogerla con las manos, como es necesario para sacarla, porque tememos resultar heridos; pero el rechazo en sí mismo hiere tanto, quema tanto, duele tanto, que ni siquiera el dolor de reconocerlo es comparable con el dolor de seguirlo cargando.

¿Por qué un padre podría sentir rechazo por un hijo? La primera razón es su condición humana; el padre es un ser humano con una historia personal, con limitaciones, con necesidades insatisfechas, con miedos, con conflictos. Un padre puede sentir rechazo hacia un hijo, eso es verdad, por razones a veces muy simples y a veces dramáticas, pero mientras más claro esté ese sentimiento para el padre, y más pronto lo reconozca, más pronto podrá hacer algo para curarlo y dar paso al amor.

A continuación expongo las situaciones de rechazo del padre hacia el hijo que en mi práctica profesional he encontrado más comúnmente.

Ser del sexo opuesto
al que el padre deseaba

«Tú debiste ser hombre», repetía constantemente su padre a Paty desde que era un bebé, de hecho a veces la llamaba cariñosamente «mi muchachito». Ella lo acompañaba a todas esas actividades que los hijos varones comparten con sus padres, como el futbol, la caza y la pesca.

Cuando se presentó a consulta, Paty estaba casada desde hacía cinco años y los problemas con sus ovarios y matriz que la aquejaban desde la adolescencia habían alcanzado niveles de gravedad: no había podido tener hijos a pesar de múltiples tratamientos médicos y su menstruación era un desastre que aparecía siempre de forma inesperada, inconstante y acompañada de innumerables molestias y dolores.

Su estado emocional era insufrible, plagado de cambios abruptos entre la tristeza, el coraje, la amargura y el miedo. Su esposo estaba a punto de dejarla: no soportaba más los arranques de mal genio de su mujer y estaba profundamente desilusionado por no tener hijos.

Pero ¿cómo puede una mujer quedarse embarazada, sentirse feliz y tranquila, poseer órganos reproductores sanos y funcionales cuando cada una de sus células tiene registrado el mensaje: «Soy un error, estoy equivocada siendo mujer, soy inadecuada, debería ser hombre, eso sería lo correcto»?

A estas alturas de los avances médicos y científicos sabemos de sobra la importancia que tiene el aspecto psicológico como determinante de una enfermedad o una disfunción orgánica, y cómo las mujeres que rechazan en una importante medida su feminidad —de forma inconsciente por lo general— presentan problemas en los órganos y funciones corporales que precisamente tienen que ver con la feminidad.

Paty acudió a terapia por indicación de su ginecólogo y afortunadamente llegó cuando a Rubén, su marido, le quedaba todavía un poco de esperanza y un poco de energía para apoyarla «por última vez», como él mismo había dicho. Ella, por su parte, estaba dispuesta a seguir pagando cualquier precio material y moral con tal de tener un hijo y sentirse feliz siendo quien era.

Esos recursos son el potencial idóneo para un trabajo terapéutico profundo y comprometido como el que Paty realizó para reconciliarse con su feminidad, con sus órganos y su cuerpo, hermoso por cierto. Tenía que abrazar a su propia niña interior y decirle lo valiosa que era siendo mujer. Este trabajo comprometido y profundo siempre da frutos, frutos que para Paty y Rubén fueron una hermosa hija —la vida es tan sabia— y una redefinición de su relación en términos más sanos y maduros, favorecidos por el enorme cambio de sentimientos y actitudes en ambos.

A veces el mensaje de rechazo por ser del sexo no deseado no es tan claro; a veces se pierde en la sutileza de ciertos comportamientos casi imperceptibles, pero el inconsciente del hijo los recibe, los interpreta, los integra y reacciona ante ellos.

En el caso de Paty, esas reacciones eran físicas y obvias, pero con frecuencia las consecuencias de este rechazo toman formas tan variadas como pueden ser: una constante sensación de inferioridad, depresión, inseguridad, frustración, confusión con la propia identidad, vergüenza, culpa, ira… que se presentan sin una clara explicación.

Conozco un fontanero que siempre acude a prestar sus servicios acompañado de su hija veinteañera que hace las veces de su asistente. Al ver a la chica por primera vez me llevó algunos segundos identificar si era hombre o mujer, pues su aspecto es el de un rudo muchacho, con su cabello cortado como un hombre, su holgado mono como para disimular las formas de su cuerpo y sus toscas botas negras, tan rudas como sus movimientos, su voz, sus gestos y su andar.

Me conmueve ver a esa mujer intentando inconscientemente representar la caricatura de un hombre, escondiendo detrás de su apariencia masculina a la mujer que es, de seguro para cumplir con las expectativas rotas de alguien que supone que debería ser hombre.

Como siempre, los padres necesitan reconocer esto para hacer su propio trabajo al respecto y lograr aceptar a su hijo, de cualquier edad y sexo, del que se han sentido desilusionados por ser lo que es.

Con frecuencia, cuando los padres tienen dos o más hijos de determinado sexo, esperan al siguiente con la gran ilusión de que sea del sexo opuesto, y lo reconozcan abiertamente o no, sufren una decepción al no cumplirse sus expectativas.

Es comprensible y normal que esto suceda, pero es indispensable que los padres lo reconozcan en su propio corazón, para que ese rechazo no dañe a su hijo, ni a sí mismos.

En una reunión de señoras a la que asistí hace años, estaba una joven mujer con su hijo de un año (el menor de tres varones). De vez en cuando ella extraía de su bolsa un hermoso lazo de raso y lo colocaba en el cabello de su niño mientras decía:

—¡Imagínense que hermosa sería si fuera niña!

Y ante los reproches de algunas mamás respondía:

—Pero ¡si no se da cuenta, ni siquiera sabe hablar!

A veces tiemblo ante la ignorancia de algunos padres al suponer que sólo las palabras envían mensajes a los hijos y que éstos son tan tontos que no son capaces de entender, a cualquier edad, todo lo que decimos sin hablar.

El síndrome del «patito feo»

¿Recuerdas el cuento del patito feo?

En una granja nació un patito que era diferente a todos los que habitaban en ella.

—¡Qué feo es! —exclamó su mamá al verlo, y la noticia corrió de boca en boca.

—Es horroroso, nos avergüenza a todos, no le dirigiremos la palabra. ¿Por qué no lo echamos? —dijeron.

En efecto, el infeliz patito se vio siempre solo. Todos lo despreciaban; no tenía ni un solo amigo. Se burlaban de él, lo picaban, le quitaban la comida…

Y encima de todo, tenía que soportar insultos si intentaba protestar. Hasta que, finalmente, cansado de recibir tantos malos tratos, el patito feo decidió huir de aquel lugar donde nadie lo quería.

Pasó el tiempo y llegó el invierno; todo el bosque se cubrió de nieve y el patito feo sentía mucho frío y mucha hambre.

Un leñador que pasaba lo encontró sobre la nieve temblando de frío y lo llevó a su cabaña, donde tenía una gallina y un gato, los cuales, en cuanto vieron al patito feo, comenzaron a molestarlo y a infligirle daños. A pesar de que el patito hizo cuanto pudo para conseguir su amistad, el gato lo arañaba y la gallina lo picoteaba cruelmente.

Así, el patito feo tuvo que huir de la cabaña y caminó sin rumbo hasta que encontró una cueva en el bosque; en ella pasó el resto del invierno, era mejor para él estar ahí que soportar más desprecios.

El invierno terminó, llegó la primavera y el patito feo salió a tomar el sol, pero de repente se ocultó preso del miedo al ver pasar a un grupo de hermosas criaturas que nadaban con gran elegancia y belleza.

«No quiero que me vean —pensó—; son tan hermosos que seguro se reirán al verme.»

Pero en ese momento el más majestuoso se acercó y le dijo:

—Ven con nosotros, somos tu familia, tú eres un cisne también.

Entonces el patito se contempló en el espejo del agua y se maravilló al verse; había crecido convirtiéndose en un hermoso cisne. En ese momento comprendió que había nacido por error en el nido de una familia de patos, al que por accidente rodó el huevo en el que se desarrolló.

Entonces supo que no era feo como todos habían dicho y comprendió que el rechazo que sufrió se debió solamente a que era diferente.

Se alejó muy feliz en compañía de sus hermanos y sus amigos que lo aceptaban y lo respetaban; al fin se sintió querido.

Muchísimas familias tienen en casa un «patito feo», ese hijo diferente que es percibido así no sólo por los padres sino por toda la constelación familiar, formada por hermanos, abuelos, tíos y primos; con frecuencia también por los maestros, los amigos de los padres, la comunidad religiosa a la cual pertenece la familia y hasta por la sociedad misma con todo el peso que ejerce sobre aquellos miembros que son distintos.

El síndrome del «patito feo» se manifiesta de diversas formas, pero sea cual sea siempre lleva implícito el mismo mensaje para el hijo: «No me gustas».

Ser de piel, ojos y cabello oscuro en una familia que hipervalora el cabello, los ojos y la piel clara; ser mal alumno en una familia de gente inteligente y brillante; ser pobre en una familia de ricos; ser rico en una familia de pobres; ser irresponsable en una familia de superresponsables; vestir «mal» en una familia que viste «bien»; ser libre en el pensar y el actuar en una familia de rígidos; ser feo en una familia de guapos, o simplemente ser demasiado gordo, o demasiado flaco; ser chaparro, desgarbado, homosexual, hippy, rebelde o cualquier otra característica que se aleje de los parámetros familiares. En pocas palabras, por ese hijo «diferente» los padres pueden sentirse avergonzados ante el resto de la familia y ante otras personas, que podrían pensar que, como padres, no están funcionando adecuadamente.

Una madre me decía que realmente le preocupaba su hijo de 13 años, al que presionaba constantemente de una manera impresionante, corrigiendo todo lo que hacía: cómo y qué comía, su forma de caminar, hablar, vestirse, moverse, una y otra vez, durante cada día de los últimos tres años. La madre justificaba su actitud diciendo:

—Está tan flaco, camina tan jorobado, se viste tan mal, es tan desgarbado, que realmente me preocupa que cuando crezca ninguna mujer lo quiera, por eso lo presiono para que coma «bien», camine «bien», hable «bien», vista «bien».

¿Sabes una cosa? Ese chico no necesitaba crecer para que las mujeres lo rechazaran, puesto que la primera mujer importante en la vida de un hombre, su madre, ya lo rechazaba, ya se encargaba de decirle cada día: «No me gustas; lo que eres está mal, lo que está bien es lo que no eres». Y vaya que si en algún momento de su vida un hombre puede ser flacucho y desgarbado es a los 13 años.

Las palabras son lo de menos; de hecho, rara vez escucharemos a un padre decir palabras como las anteriores directamente; sin embargo, el mensaje llega con claridad a través de la constante desaprobación.

Recordemos que el lenguaje verbal (las palabras que pronunciamos) ocupa sólo alrededor de 20 por ciento de la comunicación y el lenguaje no verbal (tonos de voz, gestos, mirada, respiración, posturas y movimientos corporales, imágenes energéticas en nuestra aura) constituye el 80% restante, de tal modo que no necesitamos hablar para dar un mensaje a un hijo; expresamos mucho más sin palabras que con ellas, y aunque el hijo no registre conscientemente toda la información que le está dando el lenguaje no verbal del padre, de modo inconsciente sí la registra, la interpreta y reacciona ante ella.

Por otra parte, es importante mencionar que el lenguaje no verbal surge directamente de nuestro inconsciente y no está bajo nuestro control, ni siquiera nos damos cuenta de él; por lo tanto, el lenguaje no verbal siempre mostrará nuestra verdad más profunda.

La verdad con tu hijo «patito feo» es que muchas de las cosas que dices hacer «por su bien» en realidad son «por tu bien», porque te avergüenza ese hijo, porque te importa demasiado que la gente piense que tú, su padre, no lo estás educando, formando, cuidando o alimentando adecuadamente; quisieras tener hijos perfectos (según tu concepto de perfección) para sentirte orgulloso, valioso e importante.

Vale la pena mencionar que el hijo «patito feo» sufre, siente el rechazo y puede llegar a convencerse de que efectivamente algo está equivocado en él. A veces ese dolor lo lleva a volverse rebelde y resentido, o a desarrollar algún síntoma, hasta que, como el patito del cuento, encuentre quiénes lo amen y aprecien tal como es, porque aprecian su valor y su belleza, si es que tiene la suerte de encontrarse con personas que son capaces de ver más allá. Por desgracia, no todos los patitos feos tienen esa suerte.

Es normal, es natural y es humano que algún hijo te guste o disguste más que el otro, que con alguno te sea más fácil o más difícil relacionarte, pero por Dios, ¡reconócelo!; y como he comentado antes, reconocer no significa informar al mundo, es un proceso personal, de ti contigo. Duele y avergüenza pero es la verdad, y también es verdad que cuando lo reconoces, lo afrontas y trabajas con él; tu sentimiento de rechazo hacia tu hijo puede cambiar drásticamente, como pasó con Alma.

Alma era una madre divorciada, de 40 años, que tenía grandes problemas de relación con su hijo mayor, de

18 años, mucho más graves que los que una madre normalmente tiene con un hijo de esa edad. Discutían constantemente, jamás podían hablar sin empezar a pelearse y ambos guardaban fuertes resentimientos hacia el otro, manifestados a través de horribles ofensas y hostilidad mutua, aunado todo ello a la nula disposición del hijo a cooperar en casa.

En sus constantes discusiones, el hijo invariablemente le echaba en cara:

—Tú no me quieres, siempre has preferido a mi hermano.

Por supuesto, a esto la madre contestaba como lo hacen los padres cuando un hijo hace un reproche similar:

—Claro que no; yo os quiero igual a los dos.

Yo estoy segura de que cuando un hijo, de cualquier edad, le dice esas cosas a su padre está percibiendo algo, y eso que percibe no es precisamente que no se le ame en absoluto, sino más bien que hay un grado de rechazo hacia él en el corazón del padre, quien, por supuesto, no lo reconoce.

Como casi siempre sucede, al comentarle esta idea a Alma su primera reacción fue de negación rotunda —¡nos cuesta tanto aceptar estas cosas!—. Pero al hablarle de la importancia de reconocer que algo está «sucio» para poder limpiarlo, aceptó embarcarse en la tarea de descubrir ese algo y de modo valiente aceptó el compromiso de hacer una carta para su hijo; una carta, por descontado, nunca le daría, puesto que sólo tendría fines terapéuticos. En ella se daría el permiso de expresar todos sus sentimientos hacia él, prestándole sus palabras a esa parte oculta, secreta y reprimida, permitiéndole desahogarse, atreviéndose a verla de frente y escucharla, contactarla, conocerla, para entonces dejarla ir.

Hubiese podido simplemente sugerir a Alma algunos cambios de estrategia en el trato de su hijo, enseñarle a poner límites, a establecer normas y consecuencias, lo cual sin duda es necesario en un caso como éste. Sin embargo, nada de esto hubiese funcionado del todo ni provocado un cambio profundo y duradero sin trabajar primero con sus sentimientos de rechazo porque, como veremos, en el caso de Alma eran muy fuertes.

Antes de aplicar pintura nueva, había que quitar la vieja; antes de rellenar había que desocupar; había que sacar la basura y remover la mugre para limpiar.

A la siguiente sesión Alma llevaba la carta; estaba claro que se dio a sí misma todo el permiso para descubrir y expresar lo que durante tantos años había guardado en su corazón. La carta era verdaderamente impactante y conmovedora; mientras la leía su cara y su voz expresaban tanto dolor, tanta vergüenza… el dolor de estar reconociendo algo que se negó por mucho tiempo y la vergüenza de ver esa verdad.

Mientras la leía lloraba, yo también; era muy dolorosa y expresaba cosas como: «Desde que naciste y te vi por primera vez me pareciste muy feo, me reproché cómo había podido yo, una mujer bella, formar en mi vientre a un niño tan feo; siempre me ha dado vergüenza presentarte como mi hijo, siempre he lamentado que no seas de piel blanca, inteligente y guapo como tu hermano…» Y una buena cantidad de realidades así de crudas, así de crueles, así de reales, que salieron de su interior porque ahí estaban, porque habían permanecido ahí en la sombra a la espera de la luz.

Como he mencionado, Alma no le dio esta carta a su hijo, porque, aunque de modo inconsciente y en una forma muy visceral seguro que él lo sabía (siempre se intuye), hubiera resultado sumamente difícil para él hacer frente a esta situación, más aún si no estaba recibiendo ayuda profesional.

Después de un proceso terapéutico con la carta y los sentimientos expresados en ella, Alma la quemó; trabajó también con las prácticas propuestas en el capítulo 12 de este libro. Lo hermoso de todo esto es que, aun antes de terminar ese proceso terapéutico, Alma empezó a sentirse muy diferente respecto de su hijo, mucho más compasiva y capaz de interesarse por él. Comprendió el dolor, la impotencia y frustración de su hijo por sentirse un fracasado, con la enorme necesidad de ser amado y aceptado, y todos los sentimientos que lo movían a ser como era.

Por supuesto, como reacción a la nueva actitud de su madre, el hijo cambió significativamente; ambos lo hicieron, su relación mejoró de manera muy importante y el chico empezó a mostrarse más dispuesto, más abierto, más accesible a negociar con su madre y a responder a los límites y acuerdos que ella estableció.

Eso sucedió hace alrededor de tres años y hace dos meses recibí una carta de Alma; me decía que están muy bien, que su hijo había cambiado mucho, que la apoya, su actitud es muy diferente y la relación entre ambos fluye fácilmente, incluso en los conflictos que —necesariamente— a veces se presentan. Pero lo que más me conmovió fue la frase: «Ahora me es muy fácil sentir cariño por él».

¡Bravo por Alma! Los padres valientes que se enfrentan a sus monstruos interiores obtienen grandes recompensas.

Otras razones comunes por las que se puede sentir rechazo hacia un hijo son, por ejemplo, que haya nacido cuando ya no se deseaba un hijo, o porque padece alguna enfermedad desde pequeño que esclaviza y abruma a los padres, o por una razón tan simple, pero tan común, como parecerse a algún familiar con quien el padre tiene fuertes conflictos o le cae mal.

Cualquiera que sea la causa o las circunstancias del rechazo, insisto en la imperiosa necesidad de darse cuenta, reconocerlo, para hacer ese cambio profundo hacia el amor y la aceptación. Y todo esto por una sencilla razón: el corazón humano no puede albergar al mismo tiempo sentimientos tan opuestos como el rencor y el amor, o como el resentimiento y la paz, ya que es necesario desocuparnos de uno para dar paso al otro. Si bien el primer paso en la curación del rechazo es reconocerlo (superar la negación), en el capítulo 12 te propongo alternativas para trabajar más profundamente en esto.

Pero ¿qué sucede cuando un padre que siente un importante grado de rechazo hacia un hijo lo mantiene negado y reprimido? En el mejor de los casos, mostrará agresión y desamor hacia su hijo, y digo en el mejor de los casos porque ésta es la forma menos insana de manifestarse. Cuando un padre muestra abierta y directamente estos sentimientos, el hijo sabe dónde está situado, sabe qué esperar, está viendo la piedra en la mano del padre y buscará la forma de protegerse cuando la lance; construirá escudos, desarrollará estrategias, echará a andar todo su ingenio y su potencial para lidiar con la situación. En cambio, cuando en grado extremo el padre reprime, oculta y niega el rechazo, se activará inconscientemente un mecanismo de defensa llamado formación reactiva, que consiste en encubrir un motivo o sentimiento que causa angustia y culpa, experimentando conscientemente lo opuesto, de manera que antes de que el verdadero sentimiento o motivo llegue a la conciencia se convierta en su opuesto.

Dicho de otra forma, los extremos se tocan, los extremos son lo mismo, es decir que el rechazo será manifestado por el padre, como su polo opuesto: la sobreprotección.

Con sobreprotección me refiero a esa actitud de algunos padres con su hijo, en la que le satisfacen sus necesidades antes de que las sienta, le dan de sobra antes de que pida, le permiten hacer cosas que a otros hijos no, o no le exigen lo que a otros hijos sí, les soportan agresiones y hasta se convierten en sus sirvientes.

Pero detrás de la sobreprotección hay un rechazo grande, secreto y negado hacia el hijo y la consiguiente culpa por sentirlo, por lo cual, como un intento de disminuir esa culpa y ocultar ese rechazo, se desarrolla la sobreprotección, permitiéndole ser y hacer todo lo que quiera.

El hijo sobreprotegido crece débil, timorato, demandante, dependiente, inseguro, sin tolerancia a las frustraciones y tormentas de la vida, ignorando su propio potencial porque nunca le han permitido conocerlo y mucho menos utilizarlo; no le han dejado desarrollar sus músculos psicológicos, le han allanado demasiado el camino, le han facilitado demasiado la vida y con la sobreprotección le han transmitido el mensaje implícito: «TÚ NO PUEDES, POR ESO LO HAGO YO POR TI».

Esta debilidad interior puede ser manifestada por el hijo como una actitud de inseguridad e inferioridad, o como su opuesto, la prepotencia, la arrogancia, la exigencia, la superioridad, porque recuerda: los extremos son lo mismo.

El hijo sobreprotegido puede llegar a manifestar conductas antisociales como exigir, mentir, robar y delinquir en diversas formas, por la sencilla razón de que no sabe respetar límites, ya que nunca se los señalaron. Siempre le han solucionado los problemas que él mismo genera y nunca le han permitido vivir las consecuencias de sus actos, que es, por cierto, la única forma en que un individuo madura y aprende a hacerse responsable.

Si tuviéramos que elegir entre el rechazo abierto y directo y la sobreprotección, nos convendría elegir el primero, porque, aunque ambas situaciones causan dolor, en el primer caso el hijo desarrollará la fortaleza suficiente para salir adelante, para defenderse, para compensar de alguna manera las carencias derivadas del abandono emocional producido por el rechazo.

Pero optemos mejor por otra alternativa, podemos hacerlo: elijamos el amor.

6. Cambia tú lo que yo no puedo cambiar

Carla era una adolescente serena, bohemia, profunda, que prefería pasar los fines de semana sola, oyendo música clásica bajo la luz de la luna o de las velas, y con el olor del incienso. Pensaba mucho, filosofaba más, escribía un diario que más bien parecía un compendio de poesía. Sus pocos amigos eran jóvenes bohemios y tranquilos como ella, y sus salidas eran a acampar en el bosque, visitar museos, asistir al teatro o a conciertos de música clásica. Se sentía profundamente identificada con su padre que era muy parecido a ella.

Ésa era Carla.

Gina, su madre, era el reverso de la moneda; extremadamente sociable y extrovertida, siempre en el punto de mira, siempre presidiendo actos sociales con enorme entusiasmo.

Si bien una buena parte de los conflictos que tienen padres e hijos adolescentes se deben al tema de las salidas y horas de llegada, en este caso era justo lo contrario; Gina y Carla peleaban constantemente porque la mamá quería a toda costa que ella saliera a la disco como todos los demás adolescentes. Les pedía a las compañeras de la escuela que le insistieran para salir por la noche y le ofrecía comprarle cosas si lo hacía. En ocasiones, la madre le suplicaba, otras le exigía o bien le auguraba un futuro lleno de amargura y soledad a su hija, presionándola constantemente para que socializara de la forma en que ella consideraba adecuada.

Por más que comprendía que Carla no estaba mal, que simplemente era diferente, que era un error suponer que la forma de ser de su hija era incorrecta y la forma de ella era la correcta, Gina no podía dejar de presionarla y suplicarle que saliera y asistiera a fiestas.

Como ya he comentado anteriormente, cuando un padre insiste con el hijo a tal punto que parece obsesionado por cambiarlo para que haga eso que «debe» hacer, no hay duda de que hay algo más, algo que el padre está proyectando en el hijo de manera inconsciente.

Y así era en el caso de Gina; su marido nunca la acompañaba a los múltiples eventos sociales, casi todos organizados por ella misma; no invitaban amigos a su casa y no visitaban a nadie porque al marido no le gustaba establecer relaciones sociales. Gina sufría por esta situación: ella deseaba que su esposo fuera más sociable y él deseaba que ella lo fuera menos; pero lo interesante del caso es que, al no poder cambiar a su marido, Gina inconscientemente se esforzaba y se aferraba en cambiar a su hija (tan parecida a él, por cierto). Todo esto simbólicamente significaba: «SI NO PUEDO CAMBIARLO A ÉL, TE CAMBIO A TI».

En la relación padres-hijos esto es común: intentamos cambiar en nuestro hijo lo que no podemos cambiar en otra persona significativa para nosotros, o bien lo que no podemos cambiar en nosotros mismos.

Docenas de veces he escuchado en mi consultorio quejas de hijos a quienes sus padres les piden que hagan o dejen de hacer cosas que ellos mismos no pueden: que no fume, cuando el padre es un fumador empedernido; que no diga «malas palabras», cuando el padre las dice a cada momento; que sea ordenado, cuando el padre es en extremo desordenado; que no diga mentiras, cuando el padre sí las dice; que no pase tanto tiempo ante la computadora, cuando el padre lo hace ante la televisión; que no agreda verbal o físicamente a sus hermanos, cuando el padre lo hace; que no grite, cuando el padre habla a gritos, y así hasta el infinito. Y aquí va el mensaje implícito: «ESTO ES MÍO, NO ME GUSTA, NO LO PUEDO CAMBIAR, CÁMBIALO TÚ POR MÍ».

No he conocido hasta el día de hoy un padre o una madre que no esté genuinamente interesado en inculcar valores a sus hijos, todos lo estamos, pero a menudo olvidamos que los hijos aprenden los valores de lo que los padres SOMOS, no de lo que DECIMOS. De manera que eso que quieres que tu hijo SEA, DEBES SERLO tú primero. Si quieres que tu hijo sea honesto, tú sé honesto; si quieres que tu hijo cuide su salud, tú cuida la tuya; si quieres que tu hijo sea compasivo, tú sé compasivo; si quieres que tu hijo sea generoso, tú sé generoso.

Nunca recuerdo haber escuchado a mi padre o a mi madre echarme sermones respecto de la honradez; tal vez nunca siquiera hablaron del tema, pero vi en ellos centenares de actos de ella y espontáneamente, sin darme cuenta, sin ningún esfuerzo, interioricé de modo profundo ese valor.

Como siempre, la autoconciencia es necesaria para evitar caer en este tipo de dinámicas o para detenerlas a tiempo si ya estamos metidos en ellas. El para qué ya lo sabes: acepta lo que es tuyo y resuelve lo que a ti te toca resolver, así contribuirás a una relación más sana y amorosa con tus hijos.

7. Las etapas no resueltas

Cuando mi hija Marcia tenía 12 años era verdaderamente difícil para mí aceptarla; si bien es una edad en la que es complicado lidiar con los jóvenes en su plena transformación física y psicológica, lo mío era aún más complicado, pues había muchos aspectos de ella que realmente me desagradaban: su forma de hablar, de gesticular, sus rabietas de púber, su apariencia física, sus cambios de humor; ¡todo me recordaba a mí cuando tenía esa edad!

Estos sentimientos hacia mi hija eran muy nuevos para mí, aparecieron de pronto y me dolía reconocer que los sentía; me preguntaba dónde se había ido aquella muchachita que tanto me gustaba antes.

Esa adorable muchachita seguía ahí, pero yo no podía verla; había un enorme muro que me obstaculizaba: mi propia pubertad con todos los conflictos no resueltos que dejé en ella. Una etapa en la que viví un gran rechazo hacia mí misma y por parte de personas significativas para mí: nada de mí me gustaba, mis necesidades emocionales eran inmensas y no encontraba caminos para satisfacerlas.

Pasaron los años, crecí, dejé la pubertad y la vida siguió su marcha, dejando abierto ese enorme hueco.

Así pues, cuando mi hija llegó a esa edad todo aquel rechazo y desagrado que yo sentí por mí misma lo proyecté en ella, de tal forma que cada vez que la veía me veía a mí, se activaban en mi cuerpo y en mi psique todos aquellos sentimientos de autorrechazo.

Me di cuenta además de que cualquier joven de esa edad me provocaba de inmediato desagrado y si encontraba por la calle grupitos de muchachos me resultaba en verdad molesto.

Toda esta dinámica era mía, mi propia proyección. Hacerme consciente de esto fue muy importante: me di a la tarea de trabajar con esa etapa de mi vida, con mi púber interior que seguía latiendo en mí, que pedía ser sanada, que seguía necesitando amor y aceptación, ¿y quién mejor podría darle todo eso sino yo misma? Resultado: al sanar a mi púber interior poco a poco volví a sentirme en paz con mi amada hija.

Recuerdo a una mujer que vino a verme. Había sufrido abuso sexual a los cinco años por parte de su padrastro. Entró en una profunda depresión cuando su hija llegó precisamente a esa edad; sin motivo aparente, lloraba durante horas y atender a su niña le significaba un enorme esfuerzo. Evitaba en la medida de lo posible hablar o interactuar con la pequeña y siempre que podía la enviaba a casa de los abuelos.

Tener enfrente a su hija de cinco años le removía todas aquellas heridas sin sanar que llevaba dentro. Su propia niña interior imploraba ayuda y curación de todo aquel dolor, miedo y vergüenza. Fue necesario trabajar en profundidad sobre esa etapa de su vida y los terribles acontecimientos que vivió, para que pudiera sanar las viejas heridas y sentirse de nuevo emocional y físicamente conectada con su hija.

En cada etapa del desarrollo de nuestros propios hijos se advierten nuestras propias necesidades no satisfechas de desarrollo infantil. A menudo, el resultado es una desastrosa actuación como padre [...] Cuando los sentimientos se reprimen, especialmente la ira y el dolor, ese pequeño se convertirá físicamente en un adulto, pero en su interior permanecerá ese niño airado y herido. Ese niño interno contaminará espontáneamente la conducta de la persona adulta.[1]

Afortunadamente podemos hacer algo al respecto: curar a nuestro niño interior herido. Una de las hermosas ventajas de ser adulto es que ya no dependeremos de nadie que nos proporcione los medios para sanarnos; los podemos buscar nosotros mismos y existen alternativas realmente efectivas, como la psicoterapia, o maravillosos libros que te llevan de la mano en este proceso que bien vale la pena iniciar.[2]

"Recuperar a su niño interior implica retroceder a sus etapas de desarrollo y concluir los asuntos pendientes".[3]

---

[1] John Bradshaw, *Volver a la niñez,* Selector, México, 1991, p. 24.
[2] Para tal efecto recomiendo ampliamente el libro citado, además del siguiente: *Cómo sanar las ocho etapas de la vida,* Matthew Linn, Sheila Fabricant y Denis Linn, Patria, México, 2009.
[3] *Ibid.,* p. 71.

Nuestros hijos pueden ser verdaderos maestros si estamos dispuestos a reconocer nuestra parte de responsabilidad en lo que nos sucede con ellos o a través de ellos, que son nuestro espejo.

8. La historia sin fin

«¡Que el nuevo bebé se llame como papá!» «¡Que se llame como su abuela!»

El nombre tiene poder y puede convertirse en un decreto que despersonaliza a quien lo lleva y lo obliga, ahí en las profundidades de su inconsciente, a convertirse en una extensión de aquel antecesor de quien lo heredó, limitando la propia individualidad.

Conozco familias donde cinco, 10 o 15 personas de la misma llevan el mismo nombre del abuelo, todos se dedican a la misma actividad que él y todos presentan ciertos rasgos de personalidad comunes. Sé por algunos que hubieran querido dedicarse a algo diferente en la vida, pero el nombre pesa demasiado, atrapa muy fuerte y al no ser conscientes de ello difícilmente pueden escapar de esa inercia; si alguno se atreve y logra diferenciarse del resto, suele llevar consigo una sutil y a veces no tan sutil sensación de haber traicionado a la familia, lo cual es reforzado por el resto del clan.

Fabián era un joven de 20 años verdaderamente confundido respecto de lo que quería hacer en la vida (es común que esto suceda en los jóvenes que llevan el mismo nombre que su padre). Éste, por supuesto, también llamado Fabián, era un exitoso hombre de negocios que empezó de la nada y que con gran esfuerzo y dedicación había levantado una próspera empresa.

Ambos Fabianes me solicitaron un estudio de orientación vocacional con el fin de ayudar al joven a decidirse por una carrera universitaria. Llevé a cabo el estudio y encontré grandes incongruencias en los resultados. Exploré profundamente las inquietudes del hijo expresadas en su muy peculiar e interesante lenguaje, plagado de símbolos, metáforas y dobles mensajes que tuve que traducir y enseñarle una y otra vez hasta que finalmente se atrevió a confesar que él deseaba estudiar psicología, lo cual significaba desilusionar y traicionar al padre, quien esperaba que se integrara en la empresa y continuara con ella. Esto cobra más significado si sabemos que cuatro generaciones de Fabianes habían seguido la misma «vocación».

Parece ser que junto con su nombre le pasamos al hijo todo un paquete.

Así, encontramos familias donde, por ejemplo, todas las Marías son solteronas, o todas las Patricias sufrieron abuso sexual en la infancia, todas las Sofías mantienen a su familia, así como todos los Albertos son ricos o son pobres.

Conozco una constelación familiar donde todos los llamados Javier Gutiérrez han tenido problemas de drogadicción justo a los 18 años, exactamente durante ocho meses. Lo más interesante de este caso es que, como este problema suele ser muy vergonzoso, ninguno de ellos estaba enterado de los otros (conscientemente) hasta que surgió esa información en un proceso de terapia.

Es importante agregar que así como el nombre, los apodos tienen el poder de determinar actitudes en la persona que lo lleva; poner apodos no es una buena idea y menos aún cuando éstos son tan desagradables como la gorda, el flaco, la nena, entre otros peores. Si observamos estas situaciones, veremos cómo la gorda siempre ha sido y será gorda, el flaco siempre será flaco y la nena se comportará como tal independientemente de su edad. La forma en que llamemos a una persona tendrá poder, porque el verbo (la palabra) y su sonido tienen poder.

> En las culturas en las que los nombres se eligen cuidadosamente según sus significados mágicos o propicios, conocer el nombre de una persona equivale a conocer el camino vital y las cualidades espirituales de dicha persona […] pronunciar el nombre de una persona es formular un deseo o una bendición acerca de él cada vez que se pronuncia.[1]

Es una buena idea no poner apodos y, mejor aún, llamar a la persona de la manera que a ella le gusta. Escuchar un sonido agradable cada vez que alguien se dirige a uno es hermoso, reconcilia y conecta consigo mismo. Cuando ya hemos puesto a un hijo el mismo nombre de un antecesor, no hay por qué alarmarse si somos muy conscientes de lo que eso puede significar; no es necesario sentirnos culpables y preocupados por ello; conocer esta información y ser consciente de ella te permitirá ayudar a tu hijo a individualizarse, a ser él mismo, a vivir su propia vida y a liberarlo del decreto del nombre.

[1] Estés Clarissa Pinkola, *Mujeres que corren con los lobos,* Ediciones B, Barcelona, 1998, pp. 134-135.

9. Su nombre es envidia

Muchas madres y padres cargan sobre su espalda con una gran frustración: nunca pudieron hacer tal cosa, se quedaron con ganas de tal otra, se vieron obligados a hacer lo que no querían. Estas personas expresan su amargura de haber querido y no haber podido con frases como: «A tu edad yo ya mantenía una familia», «Yo nunca anduve en fiestas como tú», «A tu edad yo ya tenía la responsabilidad de un hijo, y mira tú…», «Mis padres no me daban permiso para salir como nosotros te lo permitimos», «Yo nunca gasté tanto en ropa como tú», «Yo me pasaba el fin de semana ayudando a mi padre o a mi madre en vez de andar en la calle como tú», entre otras.

¿Te suena familiar? Toda la frustración y amargura que hay en esas expresiones pueden ser causa de que un padre sienta envidia por su hijo.

Sin lugar a dudas, un padre que desde muy joven tuvo fuertes responsabilidades para ayudar a sostener a su familia o desempeñó la función de padre o de madre con sus hermanos, o incluso con sus propios padres, por lo general tenderá a sentirse corroído por la envidia hacia el hijo o la hija que tiene una vida más fácil y ligera. Pudiéramos decirlo con otras palabras, pudiéramos pintar con un poco de color rosa esta realidad, pero se llama así, se llama envidia, y hay aún más razones por las que los padres podemos sentirla hacia un hijo.

Lo mismo sucede cuando una madre que sobrevalora la belleza física percibe cómo su cuerpo se va deteriorando mientras que el de su hija adolescente rebosa cada día más de belleza, firmeza y juventud.

«¡Qué mal te queda esa falda tan corta, te quedaría mejor si tuvieras las piernas más delgadas y las caderas más estrechas… de verdad que te queda mal!», decía con un fuerte tono de reproche la obesa madre a su hija de 20 años, poseedora, por cierto, de unas de las más hermosas piernas y caderas que he visto.

Otra madre expresa una gran amargura cuando su hija se va a la disco, arreglada, radiante, hermosa, mientras ella se queda en casa aburrida y frustrada, esperando a ese hombre que tiene por marido, hacia quien no siente ningún afecto y sí mucho resentimiento; y peor aún si la chica está enamorada y llena de ilusión, mientras que la madre sigue atada a ese hombre junto a quien está por razones que sólo ella sabe.

Aunque parezca increíble, existen madres que meten cizaña entre sus hijas para provocar conflictos, de manera que en lugar de aliarse entre sí se alíen con ella cada una por su lado, para llenar la soledad que la agobia.

El padre de Antonio, que desde los 13 años trabajó arduamente para ayudar a mantener a la familia tras el abandono de su padre, se pasa la vida recriminando a sus hijos por cada céntimo que gastan y por cada minuto que se divierten.

Paradójicamente, por una parte les da dinero a manos llenas y les sugiere que viajen y se diviertan porque «No quiero que pasen lo que yo pasé» y, por la otra, cada vez que lo hacen se los recrimina y les vuelve a contar su dramática historia.

En algunas familias, una hija es especialmente predilecta del padre, lo cual provoca que su madre viva con una constante rivalidad y envidia hacia ella, como si estuviera compitiendo —de hecho lo está— por la atención y el afecto del esposo/padre. En algunos casos, éste muestra tal preferencia por una hija que es a ella a quien le consulta cómo vestirse para ocasiones especiales, o qué ropa comprar, o bien qué hacer respecto de alguna situación.

Es común encontrar en la calle a este tipo de padre e hija cariñosamente abrazados, mientras la madre camina sola aguijoneada por la envidia y el deseo de estar en el lugar de la hija. En un caso como éste, la función que la hija está realizando es llamada papel de hijo parental, del cual hablaré ampliamente en el siguiente capítulo.

Otros motivos de envidia pueden ser el hecho de que el hijo tenga ciertos rasgos de personalidad que el padre no posee: por ejemplo, sabe poner límites y el padre no; el hijo hace amigos fácilmente y el padre es introvertido y tímido; el joven es decidido y seguro, y el padre es timorato e inseguro.

La forma en que los padres manifestamos la envidia hacia un hijo consiste por lo general en criticarlo y desaprobarlo justamente en eso, por lo cual lo envidiamos, a veces con una gran carga emocional de enojo o burla.

Llegado a este punto haremos lo que bien podría ser una conclusión de lo expuesto hasta ahora. En el capítulo 1 comprendimos lo que es la proyección y a lo largo del libro hemos conocido diversas facetas de la misma. Ahora, para resumir podríamos decir que todo aquello que ves en tu hijo o en otro y te molesta, criticas o te aferras en cambiar, se debe a alguna de estas razones:

- El otro tiene algo que tú tienes, te desagrada mucho y hasta el día de hoy no lo has podido cambiar (ves tus propios defectos proyectados en el otro).
- El otro tiene algo que tú no tienes, pero lo deseas (ves tu carencia proyectada en el otro; resultado: envidia).
- El otro reactiva en ti ciertos sucesos o etapas de tu historia personal en los cuales has dejado conflictos sin resolver o heridas sin sanar.

Pero recuerda también que cuando una persona te agrada, cuando ves en ella cosas valiosas y bellas, también estás proyectando tu propia luz y tu belleza, reflejada nítidamente en ese espejo de cuerpo entero que se llama el otro.

10. La pesada carga del hijo parental

Este término se refiere a los hijos que hacen la función de padres de sus hermanos o de sus propios padres, o como sustituto de pareja de uno de éstos.

Aunque con frecuencia encontramos este rol en el hijo de distinto sexo al del padre, también puede presentarse en el hijo de su mismo sexo. Asimismo, aunque casi siempre lo asume el hijo o la hija mayor, a veces recae en cualquier otro.

El hijo parental tiene mucho poder en la familia, se le ha dado implícitamente toda la autoridad para manejarla, sus funciones son proteger a sus padres y a sus hermanos, y solucionar una buena cantidad de asuntos relativos a ellos. El hijo parental suele ser muy maduro, muy fuerte y responsable, contrariamente al padre o a la madre que debería llevar a cabo esta función, quien suele ser débil, dependiente, inmaduro, temeroso, inseguro o con muchos conflictos emocionales o de personalidad. También puede surgir un hijo parental cuando uno de los padres tiene una importante enfermedad física o discapacidad.

En contraposición a lo que podríamos suponer, este rol es una pesada carga para el hijo sin importar la edad que tenga y, tarde o temprano, se generan en él sentimientos de impotencia, ansiedad, tensión y resentimiento hacia sus débiles padres que le han impuesto semejante paquete.

Se trata de una situación de exceso de responsabilidad para el hijo que ejerce tal papel, lo que frecuentemente le impide llevar a cabo actividades propias de su edad y relacionarse con compañeros de su mismo nivel. En tanto que para sus hermanos representa también una desventaja estar en manos inexpertas y por consiguiente carentes de consistencia.[1]

Asumir el rol de hijo parental es producto de un acuerdo inconsciente e implícito entre el hijo y los padres. Por lo general, nunca se ha hablado al respecto, simplemente el hijo percibe a un padre, madre, o a ambos, incapaces de hacerse cargo de su propia vida y de la de sus hermanos; entonces, sin darse cuenta, el hijo toma la batuta y el padre gustoso se la entrega.

No significa que de pronto el hijo haya decidido ese rol, la mayoría de las veces ni siquiera es consciente de que lo tiene, surge como un mecanismo de compensación para mantener la homeostasis o equilibrio en la familia.

El hijo parental presenta comportamientos característicos: cuida a sus hermanos, les da consejos, los reprende, está convencido de que debe ser el ejemplo que han de seguir; cuida también a sus padres, los regaña, les indica

[1] Víctor Fernández, *Psicoterapia estratégica,* Universidad Autónoma de Puebla, México, 1988, pp. 29-30.

cómo educar a sus hermanos y qué permisos concederles; además toma decisiones importantes en casa: recibe las quejas del padre o madre acerca de las faltas de su cónyuge y se siente obligado a dar apoyo y consejo al respecto. Pero por dentro este hijo vive con tal grado de tensión que sólo quien ha estado en ese lugar puede comprender.

Si bien es común que los hijos parentales se encuentren sobre todo en familias donde uno de los padres está ausente físicamente (divorcio, viudez, abandono), o emocionalmente, también existen en familias donde ambos padres o uno de ellos es inmaduro, dependiente y débil.

He visto hijos parentales de cuatro y cinco años —lo cual me indigna sobremanera—, así como de 30 o 50 años. He observado cómo los padres refuerzan este rol en los niños con comentarios como: «Cuando papi sale de viaje tú eres el hombre de la casa y tú debes cuidar a tu mamá y a tus hermanos» o «Ahora que nos hemos divorciado tú eres el hombre o la mujer de la casa». Imaginemos por un momento cómo se siente un niño cuando le decimos frases como éstas.

Nunca un hijo es el hombre o la mujer de la casa; si en esa familia por cualquier razón no hay esposo o esposa de modo definitivo o temporal, simplemente no hay hombre o mujer de la casa. Los hijos no deben, no pueden, no les corresponde ocupar ese lugar cuando está vacío; está vacío y punto; el hijo es el hijo y nunca será, ni tiene por qué serlo, el sustituto del padre o la madre ausente.

He visto docenas de veces a esas madres inmaduras que cuando el padre sale de viaje se llevan a dormir a sus hijos a su lado, porque tienen miedo o porque no soportan la soledad (y además no han hecho nada para solucionarlo); he visto cómo esos niños se sienten muy ansiosos por la responsabilidad de proteger a su mamá. Insisto, los padres son los responsables de proteger a los hijos y no al revés. Es muy válido y adecuado pedirles cooperación y ayuda, pero eso es muy diferente a convertirlos en sustitutos de pareja o en padres de sus hermanos, y menos aún, de sus propios padres.

Con frecuencia, los hijos parentales adolescentes o adultos hacen frente a muchas dificultades para encontrar una pareja o para relacionarse en ese sentido. ¿Y cómo podrían si ya tienen una pareja?: su propio padre o su madre; buscar otra sería traicionar a la que ya tienen, serle infiel. Por esta razón es muy común encontrar hijos parentales solterones, o casados pero con graves conflictos conyugales porque siguen psicológica, emocional y hasta materialmente atascados, pegados al progenitor, con quien han llevado a cabo este rol por años. Cuando un hijo parental se llega a divorciar, generalmente regresa a vivir a la casa paterna a seguir cumpliendo con su rol.

Es común hallar hijos parentales en conventos, seminarios y monasterios de cualquier creencia religiosa, quienes lejos de responder a una verdadera vocación, inconscientemente encuentran esta opción como la única forma válida y aceptable para ellos y su familia, de abandonar ese pesado rol de hijo parental y/o de mantenerse lejos de la posibilidad de tener una pareja. Para algunas de estas personas resulta muy difícil mantener los votos que esta vocación exige, como el de pobreza y castidad, pues su afiliación no fue producto de una llamada interior congruente y honesta, sino una reacción de huida. Por supuesto, también abundan las personas que eligen esta vocación por una llamada interior verdadera y honesta.

Para ilustrar más claramente esta dinámica del hijo parental presentaré el siguiente caso.

Fernando era un adolescente de 16 años con una hermana de 19, dos hermanos de 11 y nueve años, y una madre divorciada muy inmadura; era como una niña metida en un enorme cuerpo de mujer. Lilia, la madre, frecuentemente le decía a Fernando: «Tú eres el hombre de la casa porque eres el mayor de los hombres». Exigía también a sus hermanos, incluso a su hermana mayor, que le pidieran permiso a él para salir o comprar determinadas cosas; le pedía además que la acompañara a las juntas de padres de familia en el colegio y, con el paso de los meses, terminó cediéndole la toma de toda clase de decisiones, incluso las relacionadas con la administración del dinero.

Aunque al principio Fernando parecía sentirse complacido e importante con tal situación, poco a poco empezó a mostrar los signos comunes de los hijos parentales jóvenes. Comenzó por dejar de escuchar su música predilecta como hace cualquier adolescente; dejó de ir a la disco; abandonó sus tejanos y empezó a vestirse como un señor (los hijos parentales visten más formalmente que los muchachos de su edad); cambió la mochila que solía llevar al instituto por un caro y oscuro portafolios de piel; su caminar ya no mostraba ese fresco tono despreocupado de los adolescentes, sino una exagerada rigidez y solemnidad. A la hora de comer, cuando sus hermanos menores jugueteaban o discutían entre ellos, Fernando los increpaba: «Portaos bien que estoy muy cansado».

Los hijos parentales tan jóvenes suelen exagerar los comportamientos adultos, como si estuvieran forzándose a sí mismos y como si tuvieran miedo de que si se dejan ir surja con fuerza ese inquieto adolescente que llevan dentro.

La parte más triste fue cuando Fernando comenzó a perder el sentido del humor y en su lugar aparecieron varios de los síntomas físicos y emocionales típicos de los hijos parentales: un constante mal humor, agresividad, insomnio, neurodermatitis, dolores de cabeza, ansiedad, gastritis, colitis y tensión, producto de toda la represión, la frustración, el agobio y el resentimiento que estaba experimentando.

En el caso de los niños pequeños, muestran más o menos los mismos síntomas que Fernando, aunados a problemas en el sueño, como pesadillas o terrores nocturnos, reportes en la escuela por agresividad o bajo rendimiento, y dificultad para obedecer a figuras de autoridad, ya que ellos mismos son la autoridad, pues han pasado del nivel de hijos al nivel de padres.

Cuando recibo en terapia uno de estos casos de niños pequeños, mi primera indicación es que la madre o el padre involucrados le digan a su niño algo así: «Voy a ir con Martha cada semana —previa explicación de quién soy yo—, ella me va a cuidar y ayudar para que ya no tenga miedo, para sentirme más contento y más fuerte». Me complace tanto cuando los padres me cuentan la reacción que tuvo su hijo después de escuchar esto, que no es más que la muestra de haber comprendido, en su sabio inconsciente, que ha quedado liberado de la pesada carga de hijo parental. Esa reacción a veces es un profundo suspiro de alivio, unos saltos, gritos de júbilo, o un repentino y sorprendente cambio de comportamiento. El niño empieza a tener noches sin pesadillas o reveladores sueños como el de Paquito, quien soñó que estaba jugando futbol, cargando una pesada mochila en la espalda que de pronto alguien le quitaba y podía correr libremente para meter muchos goles.

Liberar de su rol a un hijo parental adolescente o adulto requiere otro trato, pero no importa la edad, siempre que se le quita de encima esta pesada función, muestra inevitablemente una sorprendente mejoría de los malestares físicos y emocionales que estaba padeciendo.

Por supuesto, no siempre los síntomas que he descrito se deben a que el niño, adolescente o adulto, esté desempeñando la labor de hijo parental, pues pueden ser causados por otros factores; sin embargo, es un hecho que estos síntomas, entre otros, los encontraremos en los hijos parentales. ¿Qué hacer para evitar caer en esta situación, qué hacer si te das cuenta qué está pasando con tu hijo? En primer lugar, aprende a hacerte cargo de ti mismo; si es necesario busca ayuda profesional para superar tus miedos, dudas e inseguridades. Nada proporciona mayor tranquilidad y seguridad a un hijo, que saberse guiado y protegido por unos padres fuertes, felices y seguros de sí mismos.

Por otra parte, cada vez que encuentres en tu hijo un comportamiento de hijo parental como los ya descritos, hazle el enorme favor de quitarle esa carga y reintégralo a su lugar. Dile amorosa pero firmemente cosas como: «Esa decisión la voy a tomar yo», «Tú no te preocupes por la educación de tus hermanos, yo me hago cargo de eso», «Tú no tienes que darme permiso, yo soy el padre o la madre y tú eres el hijo», «Éste es un asunto entre tu padre/madre y yo, y nosotros lo vamos a resolver». No te imaginas el gran favor que le haces y la pesada carga de la que lo liberas.

11. El compromiso sagrado

Hijo: si quieres amarme bien puedes hacerlo
Tu cariño es oro que jamás desdeño
Mas quiero que comprendas que nada me debes
Soy ahora el padre, tengo los deberes.

Nunca en mis angustias por verte contento
He trazado signos de tanto por ciento.

Ahora pequeño, quisiera orientarte
Mi agente viajero llegará a cobrarte
Será un hijo tuyo, gota de tu sangre
Presentará un cheque por cien mil afanes.

Llegará a cobrarte
Y entonces mi niño como un hombre honrado
A tu propio hijo deberás pagarle.

RUDYARD KIPLING

Un compromiso no es una obligación, es una elección vo-
luntaria, una decisión personal de involucrarse en cuerpo
y alma en algo.

Ser padre o ser madre es el más honroso y sagrado compromiso que adquirimos con la vida, compromiso que algunos deciden no cumplir, abandonando física, material o emocionalmente a sus hijos; compromiso que otros deciden cumplir quejándose, lamentándose y reclamando a sus hijos por todos los sacrificios, el dinero gastado, el esfuerzo hecho día con día; compromiso que otros, por desgracia los menos, cumplen amorosamente aun con todas sus limitaciones, agobios y errores.

El dar es siempre en sentido descendente, es decir, desde las generaciones mayores hacia las generaciones que le siguen, y un padre no tiene derecho a reclamar a sus hijos por todo lo que les da. Llamemos a las cosas por su nombre: en el preciso momento en que tenemos un hijo aceptamos el paquete completo que ello implica. Aun en el caso de que el hijo haya sido producto de un descuido o una falla en el método anticonceptivo, pudiste haberlo dado en adopción. Esta cruda forma de hablar no es más que la verdad, aunque, tristemente, abundan los padres que de mil maneras mandan a sus hijos el mensaje: «Estás en deuda conmigo».

Una madre se quejaba diciéndome lo mucho que gastaban en la educación de sus hijos, a lo que respondí sin rodeos que parte de su compromiso como madre era proporcionar educación a sus hijos. Ella me dijo:

—Mi compromiso es darles educación, pero no necesariamente en escuelas tan caras como a las que van ellos.

Entonces le respondí:

—Ésa es tu decisión; gastar tanto dinero en escuelas es tu elección y no tienes por qué culpar a tus hijos por ello. Explora en tu interior para que reconozcas los verdaderos motivos por los cuales los tienes en esas escuelas, porque es obvio que por amor no es.

Fue éste uno de esos casos en los que la confrontación trajo resultados muy positivos; efectivamente, ella reconoció que en parte era por estatus e imagen, también por darles lo que ella no tuvo de niña, así como por fastidiar a su hermana mayor con la que siempre había rivalizado y quien ni en sueños podía pagar ese tipo de escuelas, y en parte, además, por un interés genuino de brindar a sus hijos la mejor educación posible.

Pero entonces ¿por qué quejarse constantemente con los hijos por ese gasto, cuando hay tantos intereses personales de por medio? Para que dejara de una vez por todas de lamentarse le sugerí que reenfocara su percepción de la situación, suponiendo que esa gran cantidad de dinero que gastaba era el precio por todos aquellos premios a su propio ego; también podía cambiarlos a instituciones menos costosas; su otra alternativa —ojalá la haya elegido— era pagar esas cuentas escolares con amor.

Una cosa está clara: cuando tienes esa sensación de que tus hijos te deben algo, lo expreses o no, sin lugar a dudas no estás cumpliendo tu función de proveerlos desde el amor; tal vez desde el sentido del deber, la imagen o la incapacidad de decir «no» —porque hay que saber cuándo decir «no» a los hijos—, pero definitivamente no estás haciéndolo desde el amor.

Comprarles unos zapatos caros con esa carga de enfado, recordarles día a día lo mucho que te costaron, hacer las veces de espía para observar cómo se van deteriorando y entonces volver a recordarles lo mucho que costaron, y así hasta el infinito. Ahora dime, ¿para qué? Mejor hubiera sido no comprarlos.

¡He escuchado tantos reproches de padres y madres hacia sus hijos! Madres solteras, viudas o divorciadas, reprochándoles que no se volvieron a casar por sacarlos adelante; madres amargadas reprochándoles que dedicaron su juventud a ellos, desgastando sus cuerpos y sus energías por su causa. También he oído a padres frustrados que casi llevan una lista de lo que han gastado en mantenerlos y lo duro que trabajan para ellos; padres que siempre dan el dinero de mala gana, acompañado con una retahíla de reproches, condiciones o amenazas; y a madres que le dicen a la hija que está a punto de casarse o irse de viaje: «Una os cría, se sacrifica por vosotros, da la vida por vosotros y, de pronto, a la primera de cambio os vais y nos dejáis solos».

Y he presenciado peores cosas aún, como el caso de esa madre que acudió a una sesión de terapia con su hijo adulto y cuando él, ahí en la tibia seguridad del consultorio, se atrevió a decirle por primera vez en su vida:

—Mamá, te quiero mucho.

La respuesta de la madre fue:

—Es tu obligación quererme, ¡después de todo lo que he hecho por ti!…

Tanto a su hijo como a mí se nos partió el corazón. Sin duda, todos los padres deseamos que nuestros hijos sean buenas personas, generosos con nosotros y con los demás, y automáticamente lo serán si primero lo reciben con amor de nosotros, sus padres. ¿Cómo dar algo que no se ha recibido ni siquiera en los años de la más tierna infancia?, ¿cómo aprender a ser generoso cuando lo que se nos ha dado lleva siempre impreso el sello de «Me lo debes»?, ¿cómo aprender a dar si no recibimos?

Pero por favor no me malinterpretes. No quiero decir que les des a tus hijos todo lo que pidan, no quiero decir que jamás les exijas que cooperen y te ayuden, o que no les pidas que reconozcan, aprecien, valoren y cuiden lo que les das y lo que haces por ellos. Quiero decir que abraces amorosamente tu sagrado compromiso de ser padre y que cualquier gasto, sacrificio, renuncia o esfuerzo que hagas en su cumplimiento, intentes hacerlo desde el amor, lo intentes al menos.

Mi experiencia como madre ha sido enriquecedora; he recibido y aprendido tanto de mis hijos que si por ociosa curiosidad me pusiera a hacer una lista de todo lo que les he dado y todo lo que ellos me han dado, seguramente les saldría debiendo. Ser madre, con todo lo que esto implica día a día, ha sido una de las experiencias más importantes de mi vida. Lo he hecho de la mejor manera que he podido, a veces muy cansada, con todas mis limitaciones, mis incapacidades, mis errores, mis dudas; con los dolores y las necesidades insatisfechas que llevo dentro; con mi constante búsqueda de saber más y ser más; con mi luz y mi sombra, con mi alegría, mi intensidad y mi pasión; con mi sabiduría y mi ignorancia, y con muchísimo amor. Los momentos de mi vida en que he sentido que amo de verdad, con el amor más sublime, el perfecto, *el incondicional,* han sido con mis hijos; gloriosos momentos, breves flashes en los que he tocado mi alma, ahí donde soy perfecta, y me he dicho con una profunda certeza: «Esto debe ser el amor verdadero e incondicional». He crecido mucho a través de mis hijos; sin ellos no sería la persona que soy y me encanta lo que soy.

12. Ámalos y haz lo que quieras

El amor es la fuerza más poderosa del Universo,
mil veces más que la ira, el resentimiento y el temor.
Un solo acto de amor puede cancelar miles
de actos de naturaleza inferior.
El amor todo lo cura; el amor todo lo puede.
Lo único que importa en la vida es el amor.
El poder sanador del amor es infinito.
La solución nunca está en el plano del problema,
la solución es siempre el amor,
que está más allá de los problemas.

Hermosas verdades leídas y escuchadas aquí y allá, a lo
largo de mi incansable búsqueda de aprender a amar.

Me encanta ser madre y me encantan los padres y las
madres. He trabajado con cientos de ellos en terapia, cursos
y conferencias, y siempre me he encontrado con seres que,
como yo, están en constante búsqueda del porqué, del qué
hacer y cómo hacerlo mejor en su función de padres. A veces bromeo con ellos respecto del hecho de que no importa
cuál sea el tema del curso o la conferencia, siempre acaban

preguntando cosas relacionadas con sus hijos. Cómo ayudarles a resolver tal problema; por qué su hijo se comporta de tal forma; qué hacer con su hijo para cambiar tal situación. Y aun cuando les hago ver cómo los hijos pueden ser grandes distractores para no vernos a nosotros mismos, y aun cuando los invito a verse a sí mismos a la luz del tema que estamos revisando, las preguntas acerca de sus hijos siempre son contestadas y respetadas, porque sé que son el reflejo de una honesta intención de ser mejores padres.

Efectivamente, los padres nos preocupamos demasiado de qué hacer y cómo hacerlo. Conozco a padres expertos en el manejo del lenguaje asertivo con sus hijos, en la comunicación empática, en la perfecta formulación y negociación de normas y límites, pero aun con todas esas habilidades técnicas las cosas no les funcionan; el dolor y el desamor reinan en sus hogares, la distancia emocional con sus hijos es inmensa. ¿Qué pasa entonces? Demasiada técnica, poco amor.

Existen familias donde la falta de amor salta a la vista. Algunos padres usan toda su energía en intentos de solución, que repiten una y mil veces, pero no funcionan. Lo que están haciendo estos padres es tratar de resolver el problema en el nivel más externo y superficial, como es el de los comportamientos, pero sin llevar a cabo ninguna transformación en los niveles más profundos, como lo son el emocional, el mental y el espiritual. Están demasiado interesados en la parte técnica de la paternidad, mientras que la parte profunda está desatendida.

No hay duda, sin embargo, de que los cambios en el nivel de comportamientos son importantísimos y muchas veces van a ser el disparador de cambios más profundos.

No quiero negar ni minimizar la importancia de los «cómos» en el trato de los hijos, esto es vital y existen excelentes libros para ayudarnos a desarrollar habilidades, pero ello, sin amor, se convierte sólo en técnicas que producirán soluciones superficiales y transitorias a un problema, mientras surge otro o el mismo con diferente disfraz. Los padres necesitamos trabajar en los planos internos, porque a fin de cuentas los externos son reflejo de los primeros.

Estoy absolutamente convencida de que, no importa cuál sea el problema que un hijo presente, el amor incondicional de los padres será indispensable para resolverlo.

No te preocupes tanto por el porqué de tus errores; preocúpate, o mejor ocúpate, por acrecentar tu capacidad de amarlos; es posible hacerlo, trabaja duro en ello y todo lo demás vendrá solo. Porque un padre que ama profundamente a un hijo sabe por intuición qué hacer y qué no hacer, cuándo dar y cuándo pedir, cuándo ayudar y cuándo dejar, cuándo hablar y cuándo callar, cuándo retener y cuándo soltar. Y cuando un padre no sabe qué hacer, se centra entonces en su corazón y le pregunta al amor, y el amor siempre le responderá; no importa qué error cometa, su impacto sobre el hijo será suavizado por el amor, porque los errores que un padre amoroso comete no dejan esas dolorosas heridas que tanta gente va cargando por la vida.

Recuerdo algo que dejó una imborrable huella en mí. Sucedió hace unos ocho años en la sala de espera de un consultorio. Frente a mí se encontraba sentada una joven madre, era obvio por su aspecto y su lenguaje que se trataba de una persona humilde, sin preparación académica… Sin embargo, desde entonces, he querido parecerme a ella, aunque sea un poco.

Su hija, de unos ocho o nueve años, padecía una enfermedad muy notoria a simple vista: una desviación de la columna vertebral que aun a su corta edad ya había provocado un importante grado de deformación en su cuerpo. Su cara era extraña, aunque no podría decir qué clase de patología era, su boca estaba torcida y sus ojos ubicados de forma totalmente asimétrica en su carita.

Lo esperado, desde un punto de vista fríamente psicológico, sería que esa niña presentara ciertos rasgos de personalidad como inseguridad, timidez, hostilidad, e incluso sería comprensible que tuviera síntomas de agresividad e incapacidad de socializar; producto, sin duda, de ir por la vida con esas diferencias físicas tan notorias que por lo general animan crueles bromas de otros niños y las miradas punzantes de la gente.

Pero para mi sorpresa encontré en esa niña a la criatura más dulce, amorosa y luminosa que he conocido. Sigilosamente se acercaba a cada una de las personas que estábamos en esa sala de espera —gracias a Dios, incluyéndome a mí— dedicándonos unos minutos para preguntar: «¿Está usted enfermo? ¿De qué? ¿Le duele mucho?», y luego expresaba su compasión de la manera más hermosa que he visto: «Ay, pobrecito, pero pronto se va a curar; sana sana, colita de rana…», y finalmente contaba brevemente su propia historia y que estaba ahí porque un doctor muy bueno le iba a hacer una operación.

Todos, absolutamente todos los que la veíamos estábamos fascinados. Esa niña rompía mis esquemas y yo en secreto me preguntaba cómo era posible que una niña con toda esa deformidad física fuera como ella, y mientras más la veía en acción mayores eran mis interrogantes; pero al girarme para ver a su madre todas mis dudas y cuestionamientos fueron contestados.

Nunca he visto a una madre mirar a su hijo de la manera como ella lo hacía; toda su cara reflejaba ¡tanto amor y luz!, sonreía levemente y sus ojos brillaban de amor mientras observaba a su hijita interactuar con la gente y, de vez en cuando, con una dulce y aprobatoria voz, le decía: «Ya, hija, deja al señor en paz». Entonces la chiquilla corría a abrazarla efusivamente y le decía «Te quiero» en las formas más graciosas y hermosas imaginables, para luego volver a hablar con el siguiente paciente.

Entonces entendí de inmediato que la diferencia entre un niño feliz y psicológicamente sano y un niño infeliz y enfermo estriba en la aceptación y el amor incondicional de sus padres.

Amar y aceptar incondicionalmente a un hijo no significa permitirle todo, no ponerle límites, no levantarle nunca la voz, no ser firme, no experimentar jamás sentimientos como el enfado o el resentimiento; sino más bien significa amarlo como es, aun en los momentos en que te encuentras verdaderamente molesto con él, y aunque tu cuerpo, tu voz, tu respiración, tus gestos y tu energía estén mostrando esa molestia, ahí en el fondo, en tu centro, está tu amor por él, y tu hijo lo siente desde su centro, y responde a él, porque quien se siente amado está más abierto y dispuesto.

En el capítulo 5 hablamos del rechazo y cómo, se exprese o no, el hijo lo siente, lo sabe de una forma muy visceral, lo percibe en cada interacción de la relación. También comentamos que cuando un hijo con frecuencia lanza un reproche «No me quieres» o «Prefieres a mi hermano», realmente está percibiendo esa verdad, y aunque el padre se pase la vida asegurándole lo contrario, el hijo no le creerá, simplemente no se convence. Pues ocurre igual con el amor, puedes hacer lo que sea, decir lo que sea, equivocarte de la manera que sea y tu hijo siempre percibirá tu amor.

Hace tres años, cuando me preparaba para ejercer como terapeuta en alcoholismo y adicciones, tuve el privilegio de conocer y trabajar con decenas de adictos y escuchar sus historias alrededor de esta enfermedad. Si bien la adicción es una enfermedad primaria —que no se deriva de otras—, con componentes de tipo genético, orgánico, psicológico, familiar y social, se ve fuertemente impactada por aspectos mucho más profundos, como el sentido de la vida, la espiritualidad y, por supuesto, el amor o el desamor.

Lo que descubrí repetidamente en esas dolorosas historias fue la profunda e importantísima influencia que ejerce en el proceso de recuperación del adicto el amor de los padres y familiares, aun con todo el dolor, la impotencia, el enojo y la frustración que puedan sentir. Si bien es cierto que la recuperación de un adicto depende sólo de él y de su propio deseo, determinación y compromiso para salir adelante, creo realmente que el amor de sus seres queridos lo ayudan sobremanera. Este comentario no tiene ninguna base de investigación científica o estadística, y sólo muestra mi propia percepción y mi propia opinión al respecto.

Reducir pues la paternidad a un conjunto de técnicas, fórmulas y comportamientos es ignorar el poder curativo del amor.

Es tan grande el poder saludable del amor que la Madre Teresa, los médicos y las enfermeras se ahorran con él la transmisión de una enfermedad contagiosa. El doctor Jerry Jampolsky,[1] por ejemplo, fue enviado a un hospital de tuberculosis mientras cursaba su especialidad. Un día fue llamado porque una enferma sufría una congestión pulmonar y un paro cardiaco. Estaba sangrando por la boca. No obstante, decidió hacerle respiración boca a boca. Las enfermeras le advirtieron que se iba a contagiar. Él siguió adelante. Nunca se contagió. Así descubrió que él no sería vulnerable mientras hiciera las cosas por amor.[2]

Si esto hace el amor en el cuerpo físico, imagina lo que hace en otros niveles.

Cuando hablo de amar incondicionalmente a un hijo, no me refiero a ese erróneo concepto del amor, según el cual amar es estar siempre sonrientes, siempre dispuestos; amar es mucho más que eso. Amar a tu hijo significa que puedes sentir y mostrar todos tus sentimientos, tu amor, así como tu enojo, tu aprobación, tu desaprobación, tu alegría y tu tristeza. Significa saber cuándo ayudarle y cuándo dejarlo enfrentarse solo a una situación; significa respetar inmensamente su propio camino sin entrometerte más de lo que te corresponde, sin intentar allanárselo y facilitárselo, o, peor aún, modificárselo; significa que entiendes cuándo su alma ha elegido vivir una experiencia y le permites vivirla, porque tienes la humildad de saber que, aun siendo su padre, ignoras en gran medida los motivos de su alma,

[1] Recomiendo ampliamente cualquiera de los libros del doctor Jerry Jampolsky.
[2] Luis Jorge González, *Salud,* Font, México, 1992, p. 164.

los planes que el Ser Supremo tiene para él y el sentido profundo de su vida.

Este último punto puede causar un choque interior y es comprensible, ya que consideramos impensable que un padre «deje» a su hijo vivir una experiencia que se considera peligrosa, perjudicial o de algún modo negativa. Precisamente a eso me refiero cuando digo que, aun siendo sus padres, ignoramos en gran medida los motivos de su alma.

En una conferencia me preguntó una madre:

—¿Cómo conciliar algo que parece tan opuesto como la responsabilidad de proteger y guiar a un hijo y darle la libertad para elegir o vivir ciertas experiencias que él se empeña en vivir? ¿Cómo dejarlo seguir caminando cuando vemos que dos pasos más adelante está un precipicio del cual quizá no se ha percatado y al que está a punto de caer?

Mi respuesta fue la siguiente:

—Cuando un hijo —sobre todo en la adolescencia— está empeñado en vivir algo, lo hará, frente a sus padres o a sus espaldas, pero lo hará. Hay situaciones donde alertarlo respecto al precipicio con que puede toparse es suficiente para que se detenga y gire hacia otra dirección, pero en otras situaciones alertarlo, atarlo para que no siga adelante, amenazarlo o intentar lo que sea para detenerlo simplemente no funcionará. Él seguirá adelante porque está decidido a hacerlo contigo, sin ti, contra ti y a pesar de ti, y entonces lo único y lo mejor que los padres podemos hacer es mostrarle el precipicio, advertirle lo que le pasará si cae por él, pedirle que se detenga, ofrecerle nuestra mano para llevarlo hacia otra dirección. Pero si él decide seguir adelante sólo nos queda amarlo, amarlo incondicionalmente y orar, orar mucho por él de la forma que a ti te guste hacerlo y cualquiera que sea el nombre del Ser Superior en quien tú creas. Orar, orar y orar para que al final de su caída por el precipicio, cuando esté a punto de estrellarse, un séquito de ángeles, un amigo, una pareja, un terapeuta, la madre naturaleza, un libro, la energía cósmica, la «causalidad» o su propia sabiduría interior lo coja, lo abrace, lo salve y sea él mismo, por su propia convicción, quien elija no volver jamás a acercarse a los precipicios.

La otra alternativa que tenemos es rechazarlo, despreciarlo, alejarnos de él, y de todas maneras se dirigirá hacia el precipicio de donde tal vez no regrese. Más adelante en este capítulo hablaré del poder de la oración y a qué me refiero cuando la menciono.

He visto demasiados casos donde el amor de los padres ayuda a un hijo a «salvarse» como para dudar del poder del amor. Obedeciendo a esta profunda convicción te ofrezco en este capítulo algunas herramientas, algunos caminos que en mi propia experiencia y en la de muchos padres y madres con los que he trabajado han ayudado a desarrollar nuestra capacidad de amar a nuestros hijos.

No son los únicos caminos; tampoco pretendo decir que son los mejores, no son siquiera recetas de cocina que hay que seguir literalmente, paso a paso, y no puedo garantizarte resultados; simplemente son caminos que a algunos padres nos han funcionado y es posible que a ti también, o por lo menos te motiven a iniciar tu propia búsqueda. Lo que sí te aseguro es que practicándolos tienes muchas más probabilidades de lograr resultados que si no lo haces. Muchas cosas en la vida no nos funcionan, no porque sean inútiles en sí mismas, sino por nuestra crónica falta de persistencia.

Conocer la «parte oculta»

Como he comentado anteriormente, es indispensable ser consciente, darte cuenta de la «parte oculta» en la relación con tus hijos, ésa que está detrás de tus reacciones y de tu sentir y que puede ser causa importante de tus conflictos con ellos. Los capítulos anteriores te servirán de guía para explorar estos aspectos.

También te ayudará hacerte preguntas como las siguientes y respondértelas a ti mismo con toda honestidad con el fin de descubrir la «parte oculta»:

*   Además de lo que tengo claro, ¿por qué me molesta tanto este comportamiento de mi hijo o esta situación?
*   ¿Me avergüenza ante otros?
*   ¿Me preocupa que piensen que no soy buen/a padre/madre?
*   ¿Se parece a mí justo en lo que tanto me desagrada de mí?
*   ¿Le tengo envidia porque él sí puede o tiene lo que yo no?
*   ¿Estoy tratando de que él sea o haga lo que yo no pude en el pasado o no puedo ahora?
*   ¿Quiero que él haga o cambie algo que yo no puedo cambiar?

Darte cuenta de esa «parte oculta» es tomar tu porción de responsabilidad en el asunto y te sorprenderás al ver cómo el simple hecho de descubrirla disminuye en gran medida tus sentimientos hostiles hacia tu hijo.

100

Por otro lado, pretender modificar conductas o situaciones sólo en el nivel externo, sin reconocer la parte oculta, casi nunca es suficiente para lograr transformaciones de fondo hacia una relación más sana, verdadera, profunda y permanente.

Si al descubrir eso que te pasa con tu hijo, eso que estás proyectando de ti en él, sientes el deseo de contárselo, ¡adelante!, es válido, es útil y puede tener un impacto muy positivo entre ustedes.

Expresar tu amor

Por fortuna existen muchas formas de expresar amor, pero hay formas que tienen algo de mágico, que bajan la guardia de cualquiera, que llegan directamente al corazón, lo tocan, lo abren e inician una cadena de actos de amor que se suceden casi por sí mismos; uno tras otro, de forma bidireccional, reforzando fuertemente los lazos emocionales entre las personas. De esas formas te voy a hablar, porque son mis favoritas.

Recuerda cuánto lo amas y díselo

Cuando mi hijo Francisco tenía 16 años llegó un día con un pendiente en la oreja derecha; me sorprendí al verlo y debo confesar que me sorprendí más al ver mi reacción, me creía menos prejuiciosa y más «moderna», pero en realidad me disgustó muchísimo su «gracia». Mi primera reacción fue decirle:

—¿Por qué te has puesto eso? ¿Cómo vas a andar por ahí con ese pendiente? —y seguramente otra serie de reproches que por conveniencia o por cualquier otra razón he olvidado.

Él, bien armado con todos sus argumentos de adolescente, y fortalecido con el apoyo de su hermana Marcia, dos años mayor, inició su defensa:

—Mamá, lo he hecho simplemente porque he querido, porque me gusta, porque es miiii vida, miiii cuerpo, miiii oreja.

Al mismo tiempo, por si no me había quedado claro, su hermana enfatizó:

—Claro, mamá, es suuuu oreja —y dicho esto se dieron media vuelta y se fueron dejándome con la segunda parte de mi sermón en la punta de la lengua.

Confieso que me llevó un buen rato asimilar el asunto; de hecho, mi consternación no desapareció hasta que entendí «la parte oculta» de lo que me estaba pasando. Entonces mi enojo y frustración bajaron considerablemente y pude tocar de nuevo el gran amor que siento por mis hijos. Lo llamé, vino junto a mí y le dije:

—Hijo, aun cuando te hayas puesto ese pendiente o te falten varios por ponerte, te sigo amando muchísimo; es verdad que no me gusta, me encantaría que te lo quitaras, pero con pendiente o sin él yo te quiero.

El cambio en su lenguaje corporal, su expresión y su voz me mostraron que había tocado su corazón desde mi corazón, y como era de esperar, de ahí en adelante me incomodó mucho menos el pendiente; hasta le conseguí una cajita para que lo guardara por la noche y no se le perdiera. Y dicho sea de paso, a las tres semanas se enfadó y se lo quitó, quedando en el pasado ese acontecimiento de los muchos que vivimos juntos a lo largo de su agitada e intensa adolescencia.

Permíteme compartir contigo qué descubrí en esa revisión de mi «parte oculta». Me preguntaba por qué algo que no era trascendente me importaba tanto. Mi concepto de trascendente en este contexto es: todo aquello que daña a uno mismo daña a otros o tiene repercusiones importantes dentro de uno, cinco o 10 años, es decir, que afecta negativamente la vida presente y futura.

Desde este punto de vista, el asunto del pendiente no era trascendente, entonces, ¿por qué me molestó tanto? Descubrí que según mis propios prejuicios y paradigmas, un muchacho con un pendiente era algo muy desagradable, por lo tanto me daba vergüenza que miiii hijo llevara uno; me daba vergüenza con mis pacientes, con mis alumnos, con mis amigos y temía las críticas de mi conservadora familia cuando lo vieran. Me importaba mi imagen; me aplastaban el pecho mis prejuicios; me asustaba el momento de oír los comentarios punzantes en tono de broma de mi familia.

Pero ¿qué culpa tenía mi hijo de que yo estuviera tan atascada en «el qué dirán» y que tuviera paradigmas tan estrechos para evaluar? Y lo peor del caso, tal vez ni siquiera iba a sobrevenir todo aquel alud de críticas que suponía. Demasiadas veces he comprobado cómo la mayoría de las cosas que suponemos que van a ocurrir en realidad no ocurren. Pero fue necesario hacer toda una revisión honesta para descubrir esto: descubrí que estaba sacrificando el amor a mi hijo a cambio de «quedar bien»; descubrí que, efectivamente, tal como él me dijo, estaba en suuuu derecho de hacerlo pues a nadie afectaba; descubrí que en ese momento de mi vida estaba más llena de prejuicios y necesidad de aprobación de lo que había creído.

¡Benditos maestros son los hijos!

Cada vez que tú acompañas un reproche o un regaño con la confirmación de tu amor, estás verdaderamente formando a tu hijo; no significa que lo hieras, que te reprimas a ti mismo, sino que, aun cuando le expreses tu enojo, tu furia o tu simple desacuerdo, también te recuerdes a ti y le recuerdes a él cuánto lo amas.

Es muy importante, sin embargo, que expreses ese amor cuando verdaderamente lo sientas y es muy probable que no sea en el momento en que estás tocando el enojo y la desaprobación. Tal como a mí me pasó, puede ser necesario esperar, un poco o mucho, para sentirlo realmente y podérselo expresar, porque la congruencia entre lo que dices y lo que sientes es indispensable para que el mensaje llegue.

Mi alumna Maricela me comentó que la última vez que su hija reprobó un examen después de años de malas calificaciones fue cuando ella le dijo:

—Estoy harta de tus suspensos, tan desilusionada, tan enfadada, pero a ti te quiero muchísimo.

¡Claro!, porque mucho más poderoso será ese mensaje de amor cuando expresas que tu enojo o desaprobación es hacia ese determinado comportamiento (el pendiente, reprobar, no cooperar, etc.) y no hacia la persona de tu hijo. Frecuentemente los padres, queriendo rechazar un comportamiento, rechazamos a nuestro hijo completito, lo que le deja el mensaje: «Todo tú me desagradas» en lugar de «Tu comportamiento me desagrada».

Expresar verbalmente nuestro amor es un camino infalible para estrechar la relación con nuestros hijos; no necesita haber razones para hacerlo, sólo querer. A veces los padres les hablamos demasiado de lo que no nos gusta de ellos, de lo que hacen mal y casi nunca de lo que sí nos gusta de ellos, de lo que sí hacen bien y de cuánto los queremos.

La parte de la que le hablas a una persona es la que te va a mostrar; háblale de su sombra y te mostrará su sombra, háblale de su luz y te mostrará su luz. Esto en psicología se llama reforzamiento, en la vida se llama sincronicidad.

Para muchas personas es difícil expresar sus sentimientos verbalmente debido al simple hecho de que no aprendieron a hacerlo; y en estos casos una excelente e igualmente efectiva forma de expresarlos es escribirlos. El impacto que puede causar una nota o una carta donde hables de esos hermosos sentimientos que por cualquier razón no te atreves a expresar en persona es sumamente positivo.

Recuerdo a un paciente que me comentó:

—Me gusta la idea, pero siento que es muy cobarde escribirlo, en lugar de decirlo frente a frente.

Mi respuesta fue:

—Atreverse a expresar sentimientos es por sí mismo un acto de valentía y es valiente hacerlo por escrito, porque cuando escribes algo se queda ahí para siempre.

Expresa a tus hijos tu amor, no te limites a las formas abstractas de hacerlo suponiendo que es suficiente muestra mantenerlos, pagarles la escuela, las vacaciones y la ropa, cocinar para ellos, cuidarlos y apoyarlos; si bien es cierto que todas estas son formas reales y muy válidas de mostrar amor, tu hijo también necesita oírlo; no te limites a la expresión oral del amor, nunca será demasiado.

El poder del contacto físico

Existen tantas formas de reaccionar ante el contacto físico como seres humanos hay sobre la Tierra. Algunos le temen, otros lo disfrutan; algunos lo buscan, otros lo rechazan; hay quien lo evita y hay quien no puede vivir sin él. «Ashley Montagu habla del hambre de la piel, que todos conocemos porque existen muchos tabúes contra el tacto.»[3] El contacto físico satisface esa hambre que todos tenemos.

Cuando somos bebés nos sentimos seguros y amados a través del contacto físico de nuestra madre, en primer lugar, y el de nuestro padre y otras personas que nos aman, en segundo plano. Un bebé al que se priva del contacto físico puede presentar una gama de enfermedades físicas y emocionales que van desde la ansiedad, trastornos del sueño y del apetito, hasta fiebres inexplicables, anemia e incluso raquitismo.

El contacto físico es una necesidad física y emocional básica del ser humano y sólo cuando se ha padecido rechazo, desamor o agresión física, la gente desarrolla temor o aversión hacia este contacto. Pero en su estado natural, el ser humano lo busca y lo disfruta. Un bebé o un niño pequeño, que están en esta etapa de la vida en que mostramos más nuestra verdadera naturaleza, buscan el contacto físico y pueden sosegarse ante un brote de ansiedad con sólo ser tocados amorosa y suavemente durante un rato.

El Instituto de Investigación del Tacto, de la Universidad de Miami, ha realizado numerosos estudios relativos a los efectos sanadores del contacto físico, colaborando

---

[3] Virginia Satir, *En contacto íntimo*, Ediciones Neo-Person, 1998.

además con investigadores de la Universidad de Duke y Harvard.

Han hallado, por ejemplo, la reducción de ataques de apnea (muerte súbita) y cómo los bebés prematuros que son tocados suave y amorosamente todos los días aumentan de peso casi el doble de rápido que los que no son acariciados. Asimismo, han relacionado el contacto físico con el desarrollo de mejores reflejos, mayor resistencia a las enfermedades y estados de ánimo más tranquilos en bebés normales que son acariciados.

En investigaciones con personas de cualquier edad, el Instituto de Investigación del Tacto ha descubierto que incluso el más leve contacto físico tiene importantes efectos; por ejemplo, baja la frecuencia cardiaca y la presión arterial, estimula el sistema inmunitario y por lo tanto aumenta la resistencia a las enfermedades, favorece la secreción de endorfinas (los analgésicos naturales), reduce la concentración de cortisol y noradrenalina (hormona del estrés) y reduce la tendencia a la depresión y a la sensación de soledad.

Cuando estamos tristes, temerosos, enfermos, cansados, frustrados, el contacto físico nos llega como un bálsamo que sana y restablece nuestro equilibrio. Cuando estamos sanos, felices, plenos, el contacto físico incrementa todas estas sensaciones ya de por sí sanadoras.

Las cosas, las plantas, los animales y, por supuesto, los seres humanos respondemos al contacto físico amoroso; entonces, ¿por qué desperdiciamos tanto este recurso que nos hace sentir tan bien? Porque desgraciadamente a lo largo de la vida vamos construyendo tabúes al respecto, como si tocarnos fuera algo malo o peligroso.

«Las manos no son sólo para el trabajo, el castigo y el sexo. Son mucho más: un medio humano realmente creíble de tomar contacto.»[4]

Recuerdo a mi paciente Alejandra, quien a sus 18 años me decía tristemente que en cuanto llegó a la pubertad y su cuerpo empezó a tomar forma de mujer, su padre, antes muy cariñoso, de pronto dejó de serlo, y ella recordaba con nostalgia aquellos tiempos.

Esto pasa frecuentemente con los padres varones; abandonan la expresión física de afecto hacia sus hijas porque suponen que está mal hacerlo cuando han llegado a cierta edad. La verdad es que no existe una edad límite en la que las expresiones físicas de amor deban suprimirse. Como todo en la vida, simplemente cambian. Así como cambia la forma en que hablamos a los hijos cuando son bebés o cuando tienen cinco o 20 años; o así como cambia la forma en que ponemos límites a nuestros hijos cuando tienen dos 15 o 23 años; o bien, como cambia la forma en que los alimentamos cuando son bebés con respecto a cuando son niños mayores, así también, de manera natural y espontánea, cambia la forma de expresarles físicamente nuestro amor. Lo que lo hace difícil es esa carga de prejuicios que hemos asociado al contacto físico.

En la pubertad (entre los 11 y 13 años aproximadamente) es común que a los hijos les disguste el contacto físico de sus padres; mucho más en público, es una incomodidad que a veces tienen que soportar, sin embargo sigue siendo importante para ellos y lo buscarán en el momento y la forma que lo necesiten.

[4] *Idem.*

Comprende la intención positiva
de sus comportamientos

Vivir con un enemigo al lado, durante años, día tras día, y además mantenerlo y hacerse cargo de él, suena a pesadilla o película de terror. No obstante, ésta es la sensación que muchos padres experimentan hacia sus hijos, sobre todo respecto al hijo difícil; la sensación de que está ahí para fastidiarles la vida, de que detrás de lo que hace hay una mala intención, de que es malo y perverso y, en pocas palabras, la sensación de que ese hijo es su enemigo.

Esto sucede debido a que no comprendemos que detrás de los «malos comportamientos» de ese hijo se esconde una llamada de atención, una petición de ayuda, una súplica de amor y aceptación, una búsqueda de felicidad, de llenar un vacío, de sentirse seguro, de sentirse valioso, y ese comportamiento es la única forma que ha encontrado para conseguirlo.

Quiero recordarte que no se trata de que un día tu hijo se sentó a pensar cómo podría «portarse mal» para lograr todas esas cosas positivas; esto sucede a nivel inconsciente, sin planearlo, como un mecanismo para compensar una carencia o protegerse del sufrimiento. Y aun cuando hay hijos que inconsciente o conscientemente se «portan mal» para agredir, desquitarse o llamar la atención, no es porque sean malos, sino porque eso les ha funcionado.

Pero ir por la vida sintiendo que tus hijos tienen malas intenciones hacia ti sólo te lleva a percibirlos como adversarios y te dificulta establecer las relaciones sanas y amorosas con ellos.

Así pues, los comportamientos de los hijos, no importa

cuán «malos» sean, tienen en el fondo una intención positiva y comprender esta verdad te abre la posibilidad de ayudar a tu hijo a buscar formas más sanas de conseguir lo que intenta lograr a través de su «mal comportamiento». Veamos un ejemplo que nos aclare esto:

—Fumas como un carretero —recriminaba Héctor a Luis, su hijo adolescente. Acto seguido, desplegaba una larga y muy bien documentada explicación sobre los daños asociados al tabaco, lo cual resultaba muy interesante para cualquiera, excepto para Luis, que la había escuchado casi todos los días durante meses y en diferentes tonos, desde uno sereno, cálido y suave, hasta uno enérgico y agresivo.

—Estoy seguro de que lo hace más por molestarme que porque en realidad le guste —decía Héctor con una mezcla de rabia e impotencia.

Y en parte tenía razón, ya que la afición de Luis por el tabaco desaparecía misteriosamente cuando su padre salía de viaje, periodo durante el que no le daban ganas de fumar «y aquí entre nosotros —me confesó un día— ni me gusta tanto».

Era ésa una afición muy selectiva que por supuesto tenía en parte la intención de molestar. Pero ¿qué más había detrás?

Podríamos habernos quedado con esa interpretación superficial de su comportamiento y clasificarlo como una forma de molestar a su padre, pero había más —siempre hay más—, de manera que cuando Luis y yo revisamos la ecología de ese comportamiento, es decir, qué pasaría si él dejara de fumar, encontramos verdades interesantes e importantes para entender la intención positiva —siempre la hay— de su «mal comportamiento».

Descubrimos que el único momento en que su padre se acercaba a Luis era cuando fumaba y casi la única comunicación que tenía con él era ese largo sermón sobre los daños del tabaco, de modo que cuando Luis dejara de fumar, la comunicación y contacto con su padre serían prácticamente nulos. De tal forma que seguir fumando le garantizaba seguir obteniendo su atención, aunque fuera para reprenderlo.

De ese calibre es la necesidad de los hijos por captar la atención y la cercanía de los padres, y pueden incluso llegar a desarrollar conflictos importantes, si éstos proporcionan lo que ellos necesitan. Esto puede presentarse en un grado tal que el hijo —de cualquier edad— prefiera «portarse mal» y recibir constantes regaños y quizá hasta golpes antes que ser ignorado por sus padres.

Si los únicos momentos en que hablas con tus hijos o te acercas a ellos es cuando tienes algo para reprochar, llamar la atención, regañar o reclamar, no te extrañe que se «porten mal», ya que es la única forma que conocen para que te acerques a ellos. Pero puedes probar un nuevo camino; puedes acercárteles en cualquier otro momento para que ya no necesiten de ese comportamiento que te atrae a ellos como un imán.

Veamos otro caso: Paola es una chica de 13 años.

—Miente muchísimo —dice su madre, quien está realmente preocupada por eso. Con frecuencia sus padres la descubren en sus mentiras y por más intentos de solución que han puesto en práctica (castigos, regaños, consejos) nada parece funcionar.

Paola miente respecto de sus salidas; dice, por ejemplo, que irá a casa de una amiga a hacer los deberes y en realidad se va al cine; miente acerca de actividades de la escuela: no avisa sobre las juntas para padres o inventa actividades académicas especiales —como visitas a museos o trabajos escolares— para obtener dinero extra; miente casi en todo, aun en cosas donde pareciera no haber necesidad.

¿Cuál podría ser la intención positiva de un comportamiento como éste? Como toda adolescente incipiente, Paola quiere comerse el mundo, le apasiona la amistad y la sensación de salir a divertirse sin sus padres.

—¿Qué pasaría si esta misma tarde Paola te dice que quiere a ir al cine con sus amigas? —pregunté directamente a su madre.

—No la dejaría —respondió ella—, porque es muy joven para ir al cine sola con sus amigas.

¡Qué clara es la razón que obliga a Paola a mentir!

No avisa de las juntas escolares porque su padre siempre que asiste reclama, regaña a la maestra, se queja de mil cosas y Paola se siente muy avergonzada por ello. Inventa actividades extraescolares porque necesita dinero para sus salidas al cine o para tomar un cafecito con sus amigas.

Cada una de las mentiras de Paola son intentos de obtener algo que es importante para ella, como sentirse aceptada por su grupo de amigas, socializar y divertirse, necesidades muy importantes en esa etapa de la vida.

Si bien la forma en que lo logra —mintiendo— no es la mejor ni la más sana, la intención de ese «mal comportamiento» es sumamente positiva y válida. Resulta necesario, entonces, que los padres de Paola negocien nuevos acuerdos con ella, de modo que de una forma funcional para todos le permitan vivir esas experiencias que tanto desea y a las que tiene derecho.

A veces también los «malos comportamientos» tienen la intención positiva de proteger a uno de los padres o a la relación de pareja. Esto significa que un hijo puede desarrollar un síntoma físico o emocional, o una conducta problemática de una forma inconsciente, para «distraer» la atención de sus padres hacia él y así desviarla de la problemática personal o de pareja que está ocurriendo.

Hace algunos años conocí a una familia cuyo hijo adolescente había fallecido en un accidente. Casi no lloraron porque «había que ser muy fuertes». Pasado el funeral decidieron no volver a hablar del asunto para «poder superarlo» (gran error). El padre volvió al trabajo como si nada y la madre y los hijos, a sus propias actividades. El hijo menor, de seis años, empezó a presentar comportamientos extraños: rompía los adornos favoritos de la madre ante sus horrorizados ojos; echaba toda clase de pequeños objetos dentro de la sopa mientras su madre cocinaba, y a veces simplemente se ponía a gritar y saltar como un loco durante varios minutos que resultaban eternos y durante los cuales no había poder humano que lo calmara.

«Y se porta peor justo en los momentos en que me siento muy mal», decía su madre.

Y ¿cuál crees que era la reacción de ella ante todos estos comportamientos? ¡Claro!, explotaba en llanto, lloraba, lloraba y lloraba a veces durante horas y sentía un gran alivio después de hacerlo. Ésta era justamente la intención positiva de los «malos comportamientos» de su hijo: hacer que su madre se desahogara, aligerar la enorme carga emocional que él inconscientemente sabía que estaba reprimiendo y, de esa manera, protegerla de enfermedades físicas o emocionales.

Inconscientemente, los hijos realizan estos actos sorprendentes para proteger a sus padres y no podemos evaluar los «malos comportamientos» de una forma aislada, como si no estuviesen relacionados con el resto del sistema familiar dentro del que se presentan.

En muchos otros casos, los problemas de los hijos sirven para mantener a los padres distraídos de su propia relación, de todo el resentimiento que guardan uno hacia el otro, de la insatisfacción y de la fuerte problemática de pareja bien reprimida y negada.

Cuando una pareja me presenta la urgencia de resolver la problemática de un hijo les pregunto: «¿De qué van a hablar cuando su hijo se calme o desaparezca el problema?»

Y se encuentran con la sorprendente verdad de que toda o casi toda su conversación gira en torno al problema de su hijo y casi toda su atención y su energía están dirigidas a él.

Bien demostrado está en terapia familiar que cuando el hijo que tiene un síntoma importante mejora, se destapa una crisis en la relación de pareja de sus padres, ya que el distractor desapareció; acto seguido, el hijo vuelve atrás o se genera en otro hijo un nuevo problema, con el fin de seguir distrayendo a los padres de sus fuertes conflictos y entonces la crisis de la pareja se detiene por un tiempo.

Si bien ésta es una verdad irrefutable ampliamente estudiada y comprobada, no significa que no haya solución; tampoco significa que la familia pasará la vida dentro de ese juego patológico y doloroso. La ayuda profesional está disponible para todos y aporta las herramientas necesarias para encontrar soluciones.

Cada vez que he mencionado el término «portarse mal» o «mal comportamiento» lo he entrecomillado porque ésa es la forma en que solemos llamar a las conductas problemáticas o conflictivas, pero, tal como lo comprendemos ahora, en realidad no son malas, son sólo mecanismos para lograr algo importante y positivo.

Si bien hay un sinfín de intenciones positivas detrás de los «malos comportamientos», los ejemplos aquí presentados pueden ayudarte a explorar tu propia situación particular. Siempre que encuentres un «mal comportamiento» en tu hijo intenta descubrir la intención positiva que hay detrás de él, preguntándote o preguntándole para qué lo hace, qué intenta obtener, qué pasaría y qué cambiaría si dejara de hacerlo. Te sorprenderá lo que vas a encontrar y cuando lo descubras cambiará radicalmente tu forma de percibir la situación. El siguiente paso es hallar juntos las nuevas formas, las maneras más sanas de obtener eso que es importante para él.

Los caminos espirituales

Hay una diferencia entre religión y espiritualidad; una persona puede ser muy religiosa pero no espiritual, o muy espiritual pero no religiosa.

La espiritualidad es una fusión, una conexión profunda y real con lo divino, con el Ser Superior que se encuentra dentro de nosotros y que está en todo y en todos, cualquiera que sea el nombre que cada uno le dé a ese Ser Superior: Dios, Universo, Vida, Alá, Jehová, Energía Cósmica, Esencia, Poder Superior. Al pronunciar cualquiera de estos nombres estamos hablando de lo mismo y, por lo tanto, el nombre sólo refleja tu preferencia personal.

La palabra «religión» proviene del vocablo latín *religare,* que significa: «religar», «reunir». La religión, cualquiera que sea su nombre, la entendemos como un conjunto de rituales, normas, símbolos, prácticas, creencias, cuya intención es conducirnos a la espiritualidad.

Cada religión posee sus propias formas y todas, absolutamente todas, buscan en el fondo lo mismo. Pero la espiritualidad puede ser alcanzada por muchos caminos, no sólo a través del camino de una religión. Todas aquellas actividades que te ponen en contacto con tu Ser Interno, con la bondad, con el amor y con la vida, son caminos para lograr la espiritualidad. La meditación, la oración, el arte, el contacto con la naturaleza, la música, el mar, la creación, la contemplación y la apreciación de la belleza de la vida, los actos de generosidad, el silencio, el trabajo, la alegría, la tristeza, la soledad, la compañía, la religión, todos son caminos hacia la espiritualidad.

Los padres necesitamos espiritualidad en nuestras vidas, necesitamos una estrecha unión con el Ser Superior como cada uno lo conciba. Los padres sabemos muy bien que de ninguna manera podríamos solos con el sagrado compromiso de criar a un hijo. Sabemos que hay momentos duros en la vida con nuestros amados hijos en los que no supimos de dónde salió la solución, de dónde salió la curación, de dónde salió el dinero, de dónde salió la fuerza, de dónde la capacidad de producir milagros, de dónde la capacidad de amar incondicionalmente, aunque sea sólo por momentos. Pero en el centro de nosotros mismos, ahí donde somos perfectos, ahí sabemos de dónde salió.

Yo nací dentro de una familia católica, con una madre sumamente congruente con sus creencias religiosas, que siempre ha practicado honesta y fielmente. Fui criada bajo el cobijo de esas creencias, fuertemente reforzadas en el colegio católico donde recibí toda mi educación hasta los 15 años. Pero llegó un momento de mi vida en que no podía seguirme engañando; me daba cuenta de que no sentía a Dios, no sentía su amor, no podía creer en Él y no estaban funcionando para mí todas esas prácticas y creencias religiosas dentro de las que había vivido toda mi infancia y parte de mi adolescencia.

Decidí entonces retirarme e iniciar mi búsqueda personal de Dios, un proceso que me llevó algunos años y que todavía no ha terminado (yo creo que nunca termina). Por principio, fue necesario cambiarle el nombre, porque la palabra *Dios,* que ahora me encanta, en aquellos momentos me resultaba desagradable debido a la imagen que se me había inculcado de Él. Le llamaba entonces la Divinidad, y esta forma me gustaba; sentía que le hablaba a un amigo, un nuevo amigo por cierto, que me caía muy bien, pero de cuyo poder y amor incondicional todavía dudaba.

Luego intenté reconciliarme con la Madre Divina, representada en la Virgen María, porque de alguna manera intuía que al rechazarla, estaba rechazando mi propia maternidad y mi propia feminidad. Pero me era muy difícil identificarme con ella; la forma en que me la habían presentado era justamente la clase de mujer que yo no quería ser; y en cualquiera de sus múltiples representaciones, no me podía sentir conectada con ella aunque en verdad lo deseaba.

La casualidad, la causalidad o quizá la misma Virgen María puso en mi camino la fotografía de una hermosa virgen hindú llamada Mahalakshmi; me encantó desde el primer momento. A esa mujer tan viva, tan plena, sí quería parecerme, y de inmediato me identifiqué con ella, lo que me resultó muy fácil debido a que no tenía ninguna predisposición en relación con ella, no la conocía. El símbolo de Mahalakshmi me sirvió como puente para reconciliarme con la Madre Divina y así con mi propia madre terrenal y mi propia maternidad.

En una etapa de nuestro camino espiritual necesitamos de los símbolos y, así, oramos ante un muñeco de madera o yeso, besamos una imagen resaltada en una medalla de oro y nos sentimos protegidos al sujetarla de nuestro cuello. Utilizamos un sinnúmero de símbolos, porque éstos nos conectan con el Ser Superior representado en ellos; los símbolos nos abren puertas, crean caminos, extienden lazos y provocan cambios de conciencia. Somos seres de símbolos y nuestra vida está llena de ellos.

No obstante, en etapas posteriores del camino espiritual, los símbolos no resultan necesarios para sentir y mantener ese contacto con lo Divino. Se puede sentir a Dios en todas partes y en todo momento. Dios dejó de ser alguien al margen de uno mismo, separado y distinto.

En esa etapa del camino espiritual no se requieren nombres especiales, ni formas específicas ni elementos externos que nos confirmen nada, porque simplemente se sabe y se siente con una profunda certeza, presente en cada célula, en cada átomo, en cada partícula de nuestro ser.

En este punto del camino espiritual sabemos que Dios no se puede molestar si le llamamos con ciertos nombres (Jehová, Alá, Krishna, Jesús, Osiris, Om) y sabemos que no sólo ama y escucha a los que lo llaman de determinada forma. Tampoco podemos concebir que se moleste si cometemos errores y nos envíe castigos por ello, o que nos dé la espalda si lo buscamos por caminos diferentes (meditación, mantras, oraciones, cuarzos, arte, etc.). Sólo se concibe a un Dios amoroso, abundante, bondadoso, omnipresente, omnipotente, omnisapiente, misericordioso, incondicional, que desea que llegues a Él, que es tu Hogar. Y si los cuarzos te llevan a Él, ¡excelente! Y si tu religión te acerca a Él, ¡excelente! Y si la música te conduce a Él, ¡excelente! Y si debes cambiarle el nombre para encontrarlo, ¡excelente! Y si tienes que crear tu propio símbolo para unirte a Él, ¡excelente!… porque nuestro destino final es Él, que es el amor y la paz.

A veces me cuesta mucho aceptar el hecho de que se le den a Dios características tan humanas, y lo peor del caso es que lo conciban como un ser humano enfermo, un gran neurótico que se molesta y se ofende cuando nos equivocamos, y entonces nos da la espalda y se aleja de nosotros, sus hijos. Si hay tantos seres humanos realmente bondadosos, compasivos, respetuosos y amorosos, imaginémonos las dimensiones infinitas de la bondad, la compasión y el amor incondicional de Dios.

Tarde o temprano, todo ser humano sentirá la imperiosa necesidad de establecer una conexión espiritual, porque ahí es donde están la paz, la confianza en la vida y la fortaleza para sortear las tormentas a las que podemos enfrentarnos. Es interesante descubrir cuántas horas al día dedicamos a alimentar nuestro cuerpo físico y a embellecerlo a través de ejercicio, duchas, maquillaje, ropa, y cuán poco tiempo, tal vez nada, dedicamos al alimento espiritual. Si bien es cierto que nuestro cuerpo necesita atención y amor, y tenemos la responsabilidad de cuidarlo, también es cierto que fortalecer la parte espiritual garantiza que todo en tu mundo externo fluya de manera más fácil. Esto sucede por una simple razón: el mundo material no se regula solo y sólo es reflejo y consecuencia de tu mundo interno, de tu mundo espiritual.

Si deseas lograr esta conexión con Dios, como quiera que le llames o lo concibas, pero no sabes cómo, sólo necesitas desearlo, decir ¡sí quiero! y Él encontrará la forma de llegar a ti. Él nos dio el hermoso regalo del libre albedrío y es el primero en respetarlo, de manera que si tú quieres, si tú le das tu permiso, podrá entrar en tu vida.

Durante los años en que mi búsqueda de Dios era casi desesperada, yo asistía a un curso de terapia familiar y, por lo tanto, hacía una profunda revisión y un estudio de mi propia familia a la luz de lo que estaba aprendiendo. Pronto empezó a surgir en mí una enorme interrogante. Si bien en general la mía era una familia más o menos funcional, hubo bastantes situaciones y vivencias difíciles, de las que pueden dejar una huella importante en la psique de cualquiera. Sin embargo, la personalidad de cada uno de mis hermanos y de mí misma, ahora todos adultos, no reflejan esos efectos.

Pero hablaré de mi caso particular. Yo era una niña con muchos conflictos emocionales: con miedo a todo, a la gente, a la oscuridad, a los animales, a la soledad, al abandono, a la vida misma y hasta a Dios. Vivía con una constante sensación de angustia y una gran cantidad de temores que no podía manejar; como sucede en estos casos, traté inconscientemente de compensarlo y controlarlo desarrollando graves comportamientos obsesivo-compulsivos.[5]

Cada noche, antes de dormir, debía —de modo imperativo— hacer toda una serie de rituales que duraban más de una hora y que me dejaban exhausta y desgastada; pero si no los hacía simplemente no podía dormir. Mi día también estaba plagado de rituales esclavizantes e ideas obsesivas que me generaban un verdadero agotamiento mental, físico y emocional. Quien ha sufrido esta neurosis obsesivo-compulsiva sabe de qué estoy hablando. Entiendo muy bien cuando algún paciente, agobiado como yo lo estaba, me describe sus rituales, que tanto lo hacen sufrir, pero sin los cuales no puede estar en paz, aunque de todos modos no lo está. Porque ése es el sufrimiento de un obsesivo-compulsivo: se angustia de tener que hacer ciertas cosas y se angustia si no las hace.

Aunado a estos fuertes síntomas, era una niña con una bajísima autoestima y con una gran tristeza, crónica e inexplicable, que todo el tiempo, incluso en los momentos de juego y alegría, estaba presente; se asomaba constantemente en medio de mis actividades y mis sueños. En pocas palabras, si en la actualidad conociera a una niña como era entonces, realmente estaría preocupada por ella y augurándole un sombrío futuro, a menos que recibiera ayuda profesional de inmediato.

Sin embargo, no sé precisar exactamente cuándo y exactamente cómo todos aquellos síntomas se fueron desvaneciendo y desaparecieron sin que yo misma me perca-

---

[5] Tipo de neurosis que se caracteriza por ideas, pensamientos y conductas repetitivas y sin sentido.

tara. La primera vez que me di cuenta de ello ya era una adolescente con un buen grado de madurez y seguridad en mí misma y con una gran capacidad de moverme en la vida, convirtiéndome después en una mujer adulta suficientemente sana.

Durante años me pregunté qué pasó, adónde se fue todo aquello, en qué momento y en qué punto de mi camino lo dejé, y más aún, qué fue lo que provocó ese cambio. Un día, mientras meditaba frente al mar me llegó la respuesta, una respuesta que se acomodó perfectamente en mi corazón y que ahora es una certeza.

Por fortuna, mi madre, como cualquiera, ha cometido algunos errores, pero ha tenido muchos aciertos y el mayor ha sido orar, orar y orar por sus nueve hijos todos los días de todos los años de su vida desde que nos concibió. Y ésta es mi certeza: su oración me sanó a mí, sanó a mi padre y sanó a mis hermanos, de cuyas historias no me corresponde a mí hablar.

Es cierto que en mi edad adulta he trabajado en mí misma por muchos caminos y con muchas ganas, y me he sometido a procesos de psicoterapia con la intención de curar mis heridas y ser una mejor persona, lo cual es ahora mi responsabilidad. También es cierto que la sanadora influencia de mi hermana Margarita durante los años de mi infancia y mi adolescencia fue sumamente importante para mí. Sin embargo, yo que soy una gran convencida de la efectividad y el valor de la psicoterapia, no puedo explicar el enorme cambio que se operó en mí en aquella etapa de mi vida, sin haber contado con la mínima atención ni apoyo psicológico, ni siquiera humano, a mi problemática infantil. Y no me refiero sólo a los cambios externos que tuve: la desaparición de aquellos comportamientos enfermizos y la aparición de comportamientos más sanos, sino también a aquel agobiante y doloroso estado interno que sencillamente dejé de experimentar y fue sustituido por uno de tranquilidad y confianza, reflejado, como es natural, en comportamientos más sanos.

Quizá al leer esto te pase lo mismo que a mí; mi parte racional se asoma y me dice: «Pudieron ser muchas cosas las que curaron tus problemas psicológicos de niña, pudo ser el simple paso del tiempo, el simple cambio de edad, tu fuerte constitución interna, los nuevos amigos, los cambios hormonales o el *sereno*» —mi parte racional suele sabotearme con frecuencia—, y, efectivamente, tal vez pudo ser todo esto o cualquier otra cosa la que me curó. Pero aun viendo esta situación desde mi parte racional, no puedo pasar por alto el conjunto de hechos y eventos familiares que «debieron» provocar determinadas consecuencias en cualquiera de mis hermanos y en mí, y simplemente no ocurrió así. Quizá toda la Luz recibida por las oraciones de mi madre sirvió para potenciar esos elementos que me llevaron a la curación.

Tengo dos alternativas: suponer que todo este asunto del poder de la oración es un hermoso cuento de hadas, una linda fantasía que suena bien, o suponer que es verdad, que algo bueno debe suceder al orar, cualquiera que sea la forma de hacerlo. Ejerciendo mi libre albedrío, elijo la segunda, por la sencilla razón de que me sirve más y me hace sentir segura, esperanzada, protegida, apoyada en este nada fácil asunto de ser madre, y porque es lo que hasta el día de hoy responde los cuestionamientos que tengo al respecto y a tantos casos de curación espontánea que he visto de cerca.

Existen en la actualidad numerosos estudios, muchos de ellos realizados en rigurosas condiciones de laboratorio, que indican que la oración produce cambios significativos en la evolución de diversos males físicos. El doctor Herbert Benson, de la Universidad de Harvard, fue uno de los primeros en investigar los efectos benéficos de la oración y la meditación en la salud.

Quizá el más convincente de esos estudios, publicado en 1988, fue el que efectuó el cardiólogo Randolph Byrd en la unidad de enfermedades coronarias del Hospital General de San Francisco. Con ayuda de una computadora, se dividió a 393 pacientes en dos grupos: uno lo constituían personas a las que apoyaba un grupo de oración; otro, personas por las que nadie oraba. Nadie sabía a qué grupo pertenecía cada paciente. Los que oraban sólo se enteraban del nombre de pila de los enfermos y recibían una breve descripción de sus males. Se les pedía que rezaran diariamente hasta que fueran dados de alta, pero sin indicarles cómo hacerlo ni qué decir.

Diez meses después, cuando el estudio llegó a su fin, se observaron varios beneficios importantes en los enfermos por quienes se había rezado:

- Tenían cinco veces menos probabilidades de necesitar antibióticos que los del otro grupo.
- Su riesgo de padecer insuficiencia cardiaca congestiva era 2.5 veces menor.
- Corrían menos riesgo de sufrir un paro cardiaco.

Si lo que se investigaba hubiese sido un fármaco o una técnica quirúrgica, y no la oración, sin duda se habría anunciado a los cuatro vientos como un avance científico.[6]

Pero ¿por qué la oración sana física, emocional, mental y espiritualmente? No pretendo dar a entender que tengo la verdad y que ésta es la única explicación, pero mis propias respuestas —que pueden no ser las tuyas— a estas interrogantes son las siguientes.

Cuando oras por alguien estás enviando a esa persona Luz Superior, Luz Divina, Luz de Dios, Energía Cósmica, o como te guste llamarle; una Luz que abre e ilumina su conciencia y le ayuda a encontrar caminos y soluciones, cura su cuerpo y sus emociones, le da fortaleza y le permite tener una mayor conexión espiritual. Mientras más ores por alguien, más de esta Luz Sanadora recibirá.

Betty J. Eadie, autora de un hermoso libro donde comparte lo que vivió durante los momentos que estuvo clínicamente muerta, escribe:

> […] los cielos se abrieron de nuevo y vi la esfera terrestre que giraba en el espacio. Vi multitud de luces que se proyectaban desde la Tierra como focos. Unas eran potentes y se lanzaban al cielo cual poderosos rayos láser […] Me sorprendió saber que eran las oraciones de la gente sobre la Tierra.
>
> Vi que los ángeles se precipitaban para contestar a las oraciones […] Su trabajo los llenaba de alegría y amor. Les encantaba ayudarnos y su júbilo era grande cuando alguien rezaba con fe e intensidad suficiente como para suscitar una

6 Larry Dossey, «El poder curativo de la oración», *Selecciones del Reader's Digest,* abril de 1997, p. 92.

respuesta inmediata. Siempre respondían primero a las oraciones más potentes y más brillantes y acudían luego a las demás, hasta que atendían a todas ellas.

Me dijeron claramente que se escuchaban y contestaban todas las oraciones que obedecían a un deseo [...] También me dijeron que no hay oración más importante que la de una madre por sus hijos. Son las plegarias más puras, debido a su intenso deseo y, en ocasiones, a la desesperación que encierran. Las madres tienen la capacidad de dar el corazón a sus hijos y de implorar a Dios con mucha fuerza para que les ayude.[7]

Hay diversas formas de oración. Una forma es la repetición conscientemente dirigida hacia una persona, de esas hermosas y poderosas oraciones ya estructuradas; otra forma es visualizar a la persona llena de Luz o recibiendo la Luz: también puedes ofrecer tus esfuerzos del día al Ser Superior en quien tú crees, para que los transforme en Luz para esa persona; o bien, no sólo pensar en la persona con amor, sino enviarle tu amor dondequiera que esté, o también hablar con Dios. Sin duda, cada uno tenemos nuestras propias formas de oración.

Muchas veces, la mejor manera de ayudar a alguien que amas es orar por él, porque al hacer más le quitas sus lecciones, y si lo haces seguramente volverá a crear los problemas; muchas veces lo único y lo mejor que puedes hacer por tu hijo es orar por él y confiar en que toda la Luz,

---

[7] * Betty J. Eadie, *He visto la luz,* Grijalbo, México, 1994, pp. 99-100.

Sabiduría y Fortaleza que le envías con tu oración le ayudará a aprender y encontrar sus propias soluciones.

Orar por nuestros hijos, cualquiera que sea la forma de hacerlo, es un gran regalo de amor que podemos darles.

Una de las cosas que más nos impide creer en el poder de la oración es el hecho de que a lo largo de la vida demasiadas veces hemos pedido algo que nunca recibimos. En mi opinión no se trata de que no haya sido escuchada y respondida nuestra oración, pues creemos que sí lo fue sólo cuando sucede exactamente lo que pedimos y en el momento en que lo pedimos, y si no es así nos sentimos defraudados. Sin embargo, al orar por alguien es necesario recordar que no somos nadie para decidir acerca de lo que necesita esa persona en ese momento y que su Alma tiene sus propios planes.

Con frecuencia los padres cometemos este error, al creer que un hijo debe cambiar tal cosa o debe elegir tal otra, o vivir tal experiencia o dejar de vivirla, olvidando que su Alma y su Ser Superior saben mejor que nosotros lo que es bueno para él. Y como olvidamos esto, manipulamos su vida, su persona y hasta intentamos manipular a Dios para que haga lo que suponemos debe hacerse.

Al orar por un hijo, no ores para que suceda algo específico, para que sea o deje de ser, para que haga o deje de hacer; ora para que reciba toda la Luz y la Guía Superior que le permitan encontrar el camino y las soluciones que son buenas para él. A veces encontrará esa guía y las soluciones a través de diversos medios que se le pueden presentar, como puede ser un amigo, un terapeuta, un maestro, un libro, un medicamento, una película, un árbol, un deporte, un hobby, una canción. Orar por un hijo de esta manera es como darle apoyo extra a su alma para que haga lo que tiene que hacer.

De cualquier manera, creas o no en el poder de la oración, te convendría probar por un tiempo, analizar qué pasa; no puedes juzgar que algo no sirve si no lo has experimentado. No está de más intentarlo, quizá te sorprendas de lo que el Universo, Dios, la Vida, son capaces de hacer cuando les das la oportunidad de mostrártelo.

Ser padres felices

La mejor forma de garantizar ser buenos padres es ser padres felices.

Qué lógico y verdadero suena esto cuando conocemos a una persona feliz, cuando vemos lo que hace, lo que siente, cómo se relaciona, cómo vive, cómo trabaja, cómo ama y cómo se ama. Una persona feliz está plena, disfruta de todo, hasta de las pequeñas cosas, ama la vida y la abraza, y se relaciona con otros ya sean familiares, amigos o pareja, no porque los necesite para llenar sus vacíos, sino para compartir con ellos su abundancia y su plenitud. Mi amiga Annie Stirling me decía: «Martha, me siento tan plena que me gustaría tener una pareja para compartir mi felicidad con él».

Estar con una persona feliz es verdaderamente agradable, ser pareja de una persona feliz es maravilloso y enriquecedor, ser hijo de unos padres felices es sentirse seguro, amado y con el permiso de ser feliz también. Los hijos de padres infelices se sienten culpables cuando ellos son felices. Qué hijo se puede ir a un viaje, a una fiesta o

128

a cualquier actividad que le proporcione felicidad cuando sabe que ha dejado en casa a una madre o a un padre llenos de amargura, sufriendo, lamentándose de lo horrible que es su vida. ¿Cómo un hijo se va a dar a sí mismo el permiso de ser feliz cuando sus padres no lo son?

Mientras más feliz seas, mejor padre serás. Cuando hablo de felicidad no me refiero a esos momentos de efusividad que en alguna ocasión podamos sentir, provocados por algo externo como una buena noticia, una nueva relación, una vivencia estimulante. La felicidad no depende de lo que está pasando afuera; es un estado interno presente aun en los momentos difíciles de la vida; tiene que ver más con la paz que con la euforia. Ese estado interno puede ser matizado y embellecido por momentos especiales, plenos y estimulantes, pero no depende de ellos para existir. Una persona feliz *es* feliz, no *está* feliz.

Una madre divorciada me preguntó un día: «¿Cómo puedo ser feliz cuando mi vida es tan difícil? No tengo pareja, mis hijos tienen muchas actividades y paso sola casi todo el día…» y continuó con una larga lista de quejas e inconvenientes.

Una de las cosas que nos impide ser felices y que incrementa el sufrimiento en la vida es el significado que le otorgamos a lo que nos pasa; por ejemplo: no tener pareja es algo muy malo, una mujer sin pareja está incompleta y no es respetable, estar solo es una desventaja, la soledad es terrible.

El 90 por ciento del sufrimiento es subjetivo; es ese significado negativo que le damos a las situaciones de la vida. Si bien no pretendo negar que hay algunas sumamente difíciles y dolorosas, la mayoría de las causas del sufrimiento se deben a nuestra forma de tomar lo que la vida nos presenta. Así una madre, en lugar de lamentarse porque sus hijos ya han crecido y se han ido física o simbólicamente de casa —el famoso momento del «nido vacío»—, podría verle el aspecto positivo a esta situación y tomarlo como una ventaja, pues ahora tendrá mucho tiempo para hacer todas esas cosas que no pudo cuando sus hijos eran pequeños.

La felicidad se construye; ésa es la buena noticia, tú puedes hacer que tu vida sea plena y satisfactoria. Los siguientes son algunos de los muchos caminos para lograrlo:

- Primeramente necesitas *tomar la responsabilidad de tu propia vida* y dejar de esperar que alguien externo te haga feliz. Sé muy bien que es más cómodo depender de otros para esto, porque así tendrás a quién echarle la culpa si las cosas van mal. Sé muy bien que es más cómodo decir: «Mi marido, mi esposa o mi hijo me tiene así» (nervioso, aburrido, infeliz, obeso, deprimido, etc.), que decir: «Yo no hago nada por cuidarme a mí mismo». Sé que es más cómodo decir, como alguien me comentó en un curso: «Tengo una lista de diez buenas películas que ya no las proyectan y me he quedado con las ganas de ver porque mi marido no me lleva al cine», que decir: «Yo no hago nada para proporcionarme esa gran alegría que me da ir al cine y he dejado pasar diez buenas películas».

Por favor, convéncete de una vez por todas de que nadie, absolutamente nadie, te puede hacer feliz, y nadie está obligado a hacerlo porque ésa es tu responsabilidad. Aun cuando a veces parece que alguien lo está haciendo, por ejemplo al inicio de una nueva y buena relación, si supones que esa persona es la que te hace feliz significa que le estás otorgando ese poder; de manera que si se va de tu vida, se lleva consigo tu felicidad. Las buenas relaciones de pareja te hacen feliz no porque el otro te brinde algo que no tienes, sino porque te permite ver proyectadas en él o en ella las partes más hermosas y luminosas de ti mismo. ¿No es maravilloso saber que ahí están dentro, que son tuyas, que aun si el otro se va puedes reactivarlas una y otra vez porque te pertenecen?

Lo importante es que podamos reactivar esas hermosas partes nuestras que tocamos cuando estamos enamorados, aun sin tener una pareja o aun cuando nuestra pareja no satisfaga nuestras expectativas. Cualquiera de las actividades mencionadas anteriormente como caminos a la espiritualidad nos pueden llevar a vivir ese estado de fascinación y plenitud que sentimos cuando estamos enamorados. Es increíble cómo algo tan sencillo como una puesta de sol frente al mar puede provocar ese éxtasis que humedece los ojos, ensancha el corazón, eriza la piel y recorre el cuerpo y el Alma como un bálsamo unificador.

- *Deja de quejarte;* aprecia lo que sí tienes en lugar de lamentarte por lo que no tienes. Despierta una mañana con tu pareja al lado, haz un recuento de todo lo bueno que tiene y luego date cuenta de cómo cambian tus sentimientos.

La acción de quejarte te quita mucha energía, te drena, te hace sentir impotente y amargado. Es así de simple: si no te gusta lo que tienes en la vida, haz algo para cambiarlo; si no quieres hacer nada estás en tu derecho, pero deja de quejarte.

- *Realiza actos de amor por ti.* Cuando alguien te ama, te está enseñando cómo amarte a ti mismo. Quien te ama te dice cosas hermosas, te regala algo bello, está pendiente de satisfacer tus necesidades, te complace, te apoya, te cuida, te expresa su amor de muchas formas. La idea es que tú aprendas a hacer contigo mismo lo que hace quien te ama: decirte cosas hermosas, regalarte algo bello, estar pendiente de satisfacer tus necesidades, complacerte, apoyarte, cuidarte, expresarte amor de muchas formas.

¡Cuántas veces dejamos de escuchar nuestras necesidades y deseos! ¡Cuántas veces ahogamos nuestros sueños y le decimos no a nuestros proyectos! ¡Cuántas veces ignoramos nuestros ciclos, nuestros derechos, nuestra naturaleza! Es cierto que las realidades de la vida a veces nos impiden satisfacer todo esto al cien por ciento, pero también es cierto que si no puedes tener el océano completo, sí al menos una laguna.

Si tienes una necesidad, un deseo, un sueño y no los puedes satisfacer en la medida que quisieras, hazlo en la medida que sí puedas, congruente con tu realidad, tus posibilidades y tu tiempo. Pero no cometas el error de ignorarlos por completo, porque al hacerlo te convences de que tú no vales, de que tú no mereces, de que no vale la pena hacer ese esfuerzo por ti mismo. Y éste es un camino seguro a la infelicidad.

Proponte cada día hacer un acto de amor por ti. ¡Hay tantas formas! Cómprate eso que te gusta, tómate unas horas en el día para conversar con un amigo, o para darte un baño de burbujas o ir a un lugar especial, o para estar solo. Organiza tu salida al cine para ver la película que tantas ganas tienes de ver, ve al médico a revisarte ese dolorcito que no has atendido, descansa; empieza hoy ese proyecto o ese curso; y si no se te ocurre qué hacer para darte amor a ti mismo, pregúntale a tu cuerpo, pregúntale a tu mente, pregúntale a tus emociones, pregúntale a tu Alma; pregúntales qué necesitan y ten por seguro que te responderán.

- *Realiza cosas que te gustan.* Algún día leí que si pudiéramos ver en un microscopio la estructura de la felicidad, veríamos que está compuesta por muchos momentos plenos. Cuando haces algo que te gusta, sea lo que sea: nadar, cocinar, conversar, caminar, leer, hacer el amor, trabajar, construir una mesa, jugar futbol, todo esto puede despertar en ti sentimientos agradables; hacer cosas que te gustan siempre te sana, te motiva y te fortalece.

Abrir nuevos caminos

Caminar siempre por el mismo camino nos llevará siempre al mismo lugar. Los caminos de la comunicación entre padres e hijos son casi siempre los verbales. Con frecuencia se encuentran agotados, bloqueados, desgastados, destruidos. Ya se han dicho todo, el mensaje del emisor ya no es recibido por el receptor. Tal vez el padre ha estado diciendo lo mismo durante años y el hijo ha reaccionado de la misma forma ante ese mensaje durante los mismos años, y te pregunto: ¿ha funcionado? Seguramente la respuesta es no, porque si hubiesen funcionado no habría necesidad de repetirlo.

Siempre me ha impresionado cómo los seres humanos hacemos lo mismo durante años y de pronto esperamos que esta vez sí funcione; que esta vez pase algo diferente; que esta vez sí obtenga el resultado que busco, pero la verdad es ésta: caminar el mismo camino te llevará siempre al mismo lugar. Si quieres llegar a otro lugar, necesitas caminar por un camino diferente; así de simple.

Cuando esos caminos de comunicación verbal se han bloqueado es porque seguramente nos hemos estado comunicando desde el ego, en lugar de hacerlo desde el corazón. El ego está convencido de que él manda y ha olvidado que sí es muy importante en nuestras vidas, pero que está al servicio del Alma. Cuando el ego no está al servicio del Alma, se torna vengativo, competitivo, se engancha en frecuentes luchas de poder; le gusta ganar, tener la razón, echar culpas, mentirse a sí mismo, sabotear el crecimiento interior, y si nos estamos relacionando desde este plano, desde nuestro ego, es imposible establecer una relación de armonía y amor.

Afortunadamente, hay otros caminos de comunicación que van mucho más allá de las formas que comúnmente manejamos; son caminos sutiles, intangibles, espirituales, etéreos, que traspasan las fronteras de los resentimientos y de la predisposición negativa hacia el otro. Estos últimos sentimientos, por cierto, provienen del ego, mientras que los caminos sutiles pertenecen al plano espiritual, conectan los corazones, unen las almas, hablan desde esa parte tuya donde eres luminoso y perfecto hacia la parte del otro donde es luminoso y perfecto.

Cuando me encuentro frente a familias cuyos caminos de comunicación se han agotado, no puedo más que sugerirles que ya dejen de hablar; ya se han dicho todo, nada funciona, los mensajes no se emanan ni se reciben, el dolor y el resentimiento eclipsan cualquier intento de comunicación. Mi experiencia me ha enseñado que cambiar de estrategia y probar nuevos caminos funciona, y funciona muy bien; por tanto, a continuación te ofrezco algunas prácticas que son formas efectivas para abrir esos nuevos caminos que conectan las almas.

Tanto si tu relación con tus hijos está afectada como si no lo está, practicar lo siguiente te ayudará a fortalecer lazos y permitirá que el amor entre en tu hogar o se incremente. En lugar de usar tu energía en discutir, úsala en practicar esto por un tiempo, observa qué pasa; lo peor que puede suceder es que no funcione.

Para realizar cualquiera de estas prácticas es necesario que te tomes unos minutos para estar en paz, no lo hagas cuando tengas asuntos pendientes como la comida en el fuego, o minutos antes de la hora en que sales al trabajo, porque será muy difícil desconectarte de tus asuntos pendientes e involucrarte profundamente en la práctica. Si esto te ayuda, puedes poner música suave, prender incienso, encender una vela o cualquier cosa que te sirva para tranquilizarte y te brinde la sensación de estar haciendo un trabajo profundo y especial.

Antes de que lo preguntes te lo voy a contestar —la gente siempre hace esta pregunta—: «¿Para qué, qué voy a ganar con eso, qué va a pasar?» Sería muy aventurado de mi parte responder específicamente a esto y prometerte que algo va a pasar. Lo único que te puedo decir es que en todos, absolutamente en todos los casos que he conocido, donde los padres trabajaron comprometidamente, la relación con su hijo cambió de manera drástica. El hijo y el padre tuvieron mucha más apertura y buena disposición para comunicarse y llegar a acuerdos; los resentimientos de ambos desaparecieron o por lo menos se suavizaron; ambos comenzaron a tocar fácilmente sentimientos amorosos hacia el otro; la comunicación verbal fue más fácil y fluida y aun los conflictos, pleitos, discusiones y desacuerdos asumieron otra carga emocional y energética, una más sutil y menos destructiva.

Esto es absolutamente lógico si recordamos —y es necesario hacerlo— que el mundo exterior es sólo un reflejo del mundo interior, que lo externo obedece a lo interno, que la luz diluye la oscuridad y el calor derrite la nieve. Trabajar en los planos internos siempre trae, por añadidura, un cambio positivo en los planos externos.

Si bien en cada una de las prácticas te sugiero ciertos pasos que cabe seguir, por favor no los tomes como receta de cocina; mis indicaciones son sólo una guía para que tengas claro sobre qué vamos a trabajar. Puedes modificarlas, ampliarlas o combinarlas entre sí; puedes practicar una diferente cada vez o sólo aquellas que te funcionan mejor o las que te gustan más. Sigue tu intuición y tu propia guía interior.

Si está bien para ti, puedes grabar las prácticas para que te sea más cómodo y fácil seguirlas.

No te preocupes si lo estás haciendo bien o mal, sólo hazlo, no hay formas correctas e incorrectas. Tampoco te preocupes si no te es fácil llevarlo a cabo; hoy será más fácil que ayer, y mañana más fácil que hoy. Te sorprenderá lo rápido que puedes desarrollar tu habilidad para trabajar en los planos internos, pues como dice Paulo Coelho, autor de *El Alquimista:* «Cuando realmente deseas algo, el Universo entero conspira para ayudarte».[8] Si no puedes visualizar no te preocupes, la energía sigue tu intención; sólo indica qué quieres que suceda y confía en que está ocurriendo, porque créeme, está sucediendo.

Preparación

Te sugiero que antes de iniciar cualquiera de las prácticas hagas lo siguiente.

Siéntate cómodamente, respira tan lenta y profundamente como te sea posible, usa tu respiración para soltar toda la tensión y todo lo que te estorbe para sentirte en paz. Puedes imaginar que al inhalar empujas desde dentro de ti esas sensaciones molestas y al exhalar las expulsas respetuosamente; puedes ponerles un color, de manera que te imagines que lo estás exhalando. Respirar profundo no tiene que ser un acto forzado; hazlo suavemente, a tu propio ritmo, cómodamente.

Ahora, por unos momentos dale permiso a tu mente de pensar todo lo que quiera, deja que fluyan las ideas, los

---

[8] Paulo Coelho, *El Alquimista,* Círculo de Lectores, Barcelona, 2004.

pensamientos, las imágenes tal como lleguen. Luego pide a tu mente que se relaje poco a poco, imagínala como un lago sereno y cristalino, y cada vez que durante la práctica comience a divagar, sólo haz que vuelva a donde estás y pídele que se mantenga concentrada en ello. La mente, el cuerpo y todas nuestras partes tienen conciencia, entienden cuando les hablamos y siempre están dispuestas a ayudarnos cuando se lo pedimos.

Posteriormente, durante unos momentos, dirige tu atención al centro de tu pecho si percibes sentimientos como ansiedad, opresión, inquietud o cualquier otra sensación incómoda; no te preocupes, utiliza tu respiración para dejarlos ir. El centro de tu pecho es la puerta de entrada, el asiento del Ser, la conexión directa con el Alma, y es desde ahí desde donde vas a trabajar. Puedes pedir, si lo deseas, la ayuda del Ser Superior en quien tú creas para que te guíe y te asista en este trabajo.

Práctica 1

Empieza con la preparación.

Conéctate con tu Alma, tu Espíritu, tu Ser Superior, tu Esencia o cualquiera que sea la forma en que te guste nombrar a esa parte tuya luminosa y sabia. Simplemente llámala de la misma forma como llamarías a alguien con quien deseas estar y confía en que tu llamada será respondida. Llamar a esa parte tuya es hacerte consciente de ella y conectarte. Percíbela de la forma en que esté bien para ti, dentro de ti, a tu lado, frente a ti, o como lo sientas adecuado.

Ahora llama al alma de tu hijo con quien vas a trabajar, ahí frente a ti (no físicamente, por supuesto); su Ser Superior se encargará del qué y el cómo; imagínalo ahí frente a ti, luminoso y sabio como tú, y desde tu Alma empieza a decirle todo aquello que deseas. Puedes decirlo en silencio o en voz alta. Agradécele los aprendizajes y las lecciones, pídele perdón por lo que te corresponda hacerlo, háblale de las áreas de tu relación con él que te son difíciles, reconócele su bondad, su luz y su belleza. Si te descubres criticándolo o juzgándolo, no estás hablando desde el Alma, sino desde el ego, pero por favor no te recrimines por ello, sólo date cuenta e intenta moverte en el plano de tu Alma. Y luego escucha, escucha lo que el Alma de tu hijo tiene que decirte y deja fluir, fluir y fluir esa comunicación; tómate tu tiempo, disfrútalo, hasta que sientas que por esa vez ha sido suficiente.

Entonces es el momento de despedirte. Hazlo de la manera que quieras y pídele al Alma de tu hijo que se vaya a donde le corresponda estar en ese momento, agradeciéndole y avisándole que habrá otra ocasión.

Termina la práctica haciendo algunas respiraciones profundas; siente tu cuerpo, toma plena conciencia de ti mismo, ubícate completamente aquí y ahora, empieza a mover con lentitud tu cuerpo, abre tus ojos y agradece.

Práctica 2

Comienza con la preparación. Estar tranquilo y relajado facilita este tipo de trabajo.

Ahora imagina que abres un espacio en la parte superior de tu cabeza, ese espacio que en las filosofías orientales es llamado séptimo chakra, justamente donde tenemos la mollera cuando somos bebés.

Pide al Universo, a Dios, o como tú llames al Ser Supremo, que te permita llenar todo tu ser con Amor, y por ese espacio que has abierto en el centro de tu cabeza empieza a recibir el Amor más perfecto y sublime que existe en abundancia y que está disponible para ti. Puedes imaginarlo como una hermosa luz dorada y rosa que fluye desde las alturas para ti. Respira el amor, llénate de amor y siente e imagina cómo llena cada parte tuya, cada espacio, cada célula, cada átomo, cada partícula de tu cuerpo y de tu campo de energía y, sobre todo, tu corazón y el centro de tu pecho, curando las heridas y abriendo los espacios de tu corazón que están cerrados al amor.

Realiza esto durante unos momentos y cuando estés listo imagina que tu hijo está frente a ti. Tómate un tiempo para verlo mientras sigues recibiendo todo ese Amor por la parte superior de tu cabeza.

Ahora imagina que en el centro del pecho de tu hijo se abre un espacio, una puerta, y lo mismo sucede en el centro de tu pecho; a través de esa puerta que has abierto en tu pecho empieza a fluir amor como una hermosa y radiante luz dorada y rosa que sale de tu pecho y llega al pecho de tu hijo; no necesitas hacer más, una vez que instalas esta conexión la luz seguirá fluyendo. Si así lo deseas, puedes decirle algo con tu pensamiento, por ejemplo, cuánto lo amas, mientras sigue fluyendo esa luz.

Ejecuta esto durante el tiempo que sea adecuado para ti, y cuando termines simplemente deja que fluya la luz. Agradécele a tu hijo que haya venido. Cierra un poco, como esté bien para ti, el espacio en el centro de tu cabeza y agradece al Ser Supremo por todo este amor.

Termina la práctica haciendo algunas respiraciones profundas, sintiendo tu cuerpo, tomando conciencia de ti mismo y, entonces, comienza a moverte lentamente, abre los ojos y agradece.

Práctica 3

La lectura de esta práctica puede encantarte o repugnarte; sea como sea, te sugiero que no te la pierdas, pues puede tener efectos muy poderosos y sanadores. Si no te gusta del todo o te disgusta, tómala como una fantasía, como un bonito cuento que vas a imaginar y que es muy interesante.

Comienza, como siempre, con la preparación.

Imagina ahora que estás en un hermoso lugar de la naturaleza, el que en este momento te apetezca; tal vez una playa, un bosque, un valle, un desierto o la selva. Vas caminando por ese hermoso lugar, percibiendo y disfrutando el paisaje, los aromas, los sonidos, las sensaciones. Tómate tu tiempo.

Y en algún punto de ese lugar encuentras una hermosa escalera de luz que se extiende hacia las alturas más allá de donde alcanza tu vista. Te sientes poderosamente atraído a subir por esa escalera y comienzas a hacerlo. Más que subir estás siendo llevado, suave, cuidadosa, amorosamente, llegando cada vez a niveles más altos, luminosos y hermosos.

Finalmente llegas a un nivel muy especial, puedes llamarle Plano Espiritual o Cielo, o como más te guste, lo cierto es que ahí te está esperando un Ser de Luz, sabio y amoroso, que será tu guía en este trabajo. Te recibe con los brazos abiertos, amorosamente, y te conduce a un espacio especial, donde se te permitirá presenciar algo muy importante para ti.

Ahí están dos almas, bellas y luminosas, que todavía no nacen en la Tierra, se están preparando para hacerlo; están acompañadas por un Gran Ser de Luz, charlando entre sí, pidiéndose algunas cosas una a la otra, haciendo acuerdos y contratos; quieren ayudarse mutuamente a crecer y aprender lo más posible para el momento en que tengan un cuerpo físico en la Tierra, porque se aman inmensamente.

Aunque ambas Almas saben que cuando lleguen a la Tierra tal vez estos acuerdos les causen dolor, provoquen reclamaciones de la una a la otra e intenten cambiar las cosas, están dispuestas a cumplirlos. Saben que cuando estén en su cuerpo físico es muy probable que la una y la otra tendrán sentimientos de rechazo, rencor y desamor porque habrán olvidado estos acuerdos, pero también saben que ambas seguirán cumpliéndolos hasta el fin, hasta que hayan logrado el objetivo que tuvieron al hacerlos: crecer y aprender.

Entonces, de seguro recordarán, apreciarán y agradecerán una a la otra por haber cumplido tan bien, a costa de lo que sea. Entonces el amor disolverá cualquier resentimiento, porque lo único que han hecho es cumplir sus acuerdos y contratos, hechos desde el amor.

Esas Almas son la tuya y la de tu hijo.

¿Qué acuerdos están haciendo? ¿Qué experiencias se ayudarán a vivir uno al otro? ¿Qué lecciones quieren aprender y qué habilidades desean desarrollar a través de la relación que tendrán como padre/madre-hijo?

Observa durante unos momentos este suceso que tienes el privilegio de presenciar; vívelo, siéntelo, apréialo, mientras dejas que fluya cualquier sentimiento, descubrimiento, imagen o sensación que se mueva en ti.

Puedes hacerle preguntas al Ser de Luz que te está guiando en este proceso, y aun cuando las respuestas no lleguen a tu conciencia en este momento, ten por seguro que en algunos minutos, algunas horas, algunos días o algunos meses, las respuestas llegarán a tu mente consciente, claras y precisas, porque estas preguntas siempre reciben una respuesta.

Cuando sea tu momento, avisa a tu guía que estás listo para regresar y agradece que se te haya permitido vivir esta experiencia.

Entonces tu Guía te conducirá de nuevo hacia la escalera de Luz por la cual llegaste hasta este lugar y se despedirá de ti con el mismo Amor con que te recibió. Despídete de la manera que esté bien para ti e inicia el camino de regreso.

Desciende por la escalera, llega de nuevo al lugar de la naturaleza desde el cual partiste y regresa al sitio donde estás ahora. Siente tu cuerpo y muévelo lentamente, respira hondo, ubícate aquí y ahora, abre tus ojos y agradece.

Práctica 4

Empieza con la preparación.

Ahora comienza a evocar todos los momentos hermosos que has vivido con tu hijo, en cualquier etapa de su vida; en la mente y el corazón de cada madre o padre hay recuerdos guardados de buenos, muy buenos momentos con su hijo. Abre ese cofre de tesoros y vívelos de nuevo.

Repasa también todas las cosas buenas que hay en tu hijo, ve su luz y su belleza, y si cualquier sentimiento o recuerdo oscuro llega, sólo déjalo pasar y sustitúyelo por uno luminoso, porque en estos momentos sólo estás enfocado en la luz, la alegría, el amor, los buenos recuerdos, los actos hermosos de tu hijo. Estás viendo lo que sí te gusta en lugar de lo que no te gusta. Éste es un recuento de los puntos de luz para producir sentimientos de luz. Permanece en este proceso durante el tiempo que quieras y cuando así lo decidas inicia el regreso respirando profundo, ubicándote aquí y ahora, agradeciendo esta vivencia, sintiendo y moviendo lentamente tu cuerpo y conservando en tu corazón estos sentimientos de amor y luz; cuando estés listo abre tus ojos.

Práctica 5

Para esta práctica es necesario que escribas una carta para tu hijo, en la que el ego no se involucre, escrita desde el corazón; que refleje sólo el amor, el aprecio y la gratitud; que no reclame ni enjuicie. Darle o no la carta a tu hijo es lo que menos importa, ya lo decidirás; simplemente escríbela y haz lo siguiente.

Empieza con la preparación.

Ahora invoca la presencia de tu Ángel de la Guarda; invocarla es hacerte consciente de ella, ya que en todo momento te acompaña este hermoso Ser que fue designado para ti desde el día de tu concepción, o quizá antes.

Tómate unos momentos para sentir su presencia, su amor, su ternura, su fuerza, su protección. Conéctate con tu Ángel, comunícate, dile lo que quieras; ahora imagina que le entregas la carta que has escrito para tu hijo y pídele que se la dé al Ángel de la Guarda de tu hijo. Observa cómo sucede esto. Imagina al Ángel de tu hijo llevándole tu mensaje dondequiera que esté y transmitiéndoselo de la forma y en el plano que sean adecuados para él.

Una vez que el mensaje haya sido entregado, agradece a ambos Ángeles y prepárate para regresar. Entonces ubícate completamente aquí y ahora; siente tu cuerpo, respira hondo, muévete con lentitud y abre los ojos.

Tal vez desees darle físicamente la carta a tu hijo; quizá quieras quemarla, romperla o conservarla. Haz lo que tu intuición te dicte, porque al fin y al cabo el mensaje le fue transmitido en los planos internos y tarde o temprano será percibido en los planos externos y conscientes.

Práctica 6

Esta práctica es ligeramente distinta a las demás. Diferente en cuanto al proceso pero igualmente dotada de un gran poder armonizador. Requiere que tu hijo esté físicamente junto a ti porque lo que harás será igualar su respiración. Él no tiene que estar enterado, pero tampoco debe ser un secreto. Puedes, si así lo deseas, contarle lo que empezarás a hacer desde el día de hoy y para qué lo haces. El momento en que lo hagas puede ser cualquiera, no le tienes que avisar, sólo hazlo. Se trata de lo siguiente.

Mientras tu hijo duerme, o ve la televisión, o durante el trayecto en el coche, y en cualquier circunstancia donde tu hijo esté cerca de ti, empieza a respirar al ritmo que él lo hace; no le tienes que avisar, ni siquiera se debe enterar de que lo estás haciendo, hazlo durante algunos minutos, cuanto más tiempo y con mayor frecuencia lo hagas, mejor.

Puedes observar su respiración en el movimiento de su pecho.

Tal vez al principio te sea difícil; he descubierto que cuantos más conflictos tienen dos personas, más difícil es igualar el ritmo respiratorio por la gran diferencia que existe entre ellos; si éste es tu caso, no te preocupes, verás cómo cada día notas que lo haces con mayor facilidad.

Igualar la respiración es una forma de establecer una conexión con él en niveles internos e inconscientes, reflejándose más tarde en una mayor facilidad para relacionarse y comunicarse.

La respiración conecta y abre puertas. Lo primero que hacemos al nacer es tomar una gran inhalación, que nos abre la puerta del mundo físico al que acabamos de entrar; tomamos su aire y su vida, y desde ese momento nuestro organismo funciona por sí mismo, sujeto a todas las leyes y fuerzas del mundo físico. Al morir, una gran inhalación nos avisa que es el fin y nos desconecta del mundo físico, abriéndonos la puerta del mundo no físico, al que entramos tras nuestra última gran exhalación.

Práctica 7

En el capítulo 4 («Cuando ser padre agobia») hablamos acerca de la preocupación que los padres frecuentemente

146

experimentamos respecto del bienestar presente y futuro de nuestros hijos y el miedo que tenemos de que les pase «algo». Esta práctica te servirá para trabajar específicamente con esos sentimientos.

Empieza con la preparación.

Ahora imagínate que a dos metros o más frente a ti hay una pantalla. Coloca en la base de la pantalla un tubo que traspasa el suelo, y baja más y más hasta conectarse con el centro de la Tierra.

Coloca en esa pantalla, una sobre otra, todas las imágenes que tienes de tu hijo fracasado, enfermo, accidentado o pasándole ese «algo» que tanto miedo y preocupación te causa. Coloca primero una de las imágenes, luego otra encima, y así sucesivamente.

Ahora imagina que del cielo, del universo, o como quieras llamarle, baja un rayo de luz color violeta «barriendo» todas esas imágenes y drenándolas por el tubo de contacto con la Tierra que está en la base de la pantalla. Drena todas las imágenes junto con la luz violeta y mándalo todo hasta el centro de la Tierra.

Baja ahora un rayo de luz dorada y con él dale, por decirlo así, una segunda «barrida» a la pantalla, drenando cualquier cosa que haya quedado, y envía todo por el tubo hasta el centro de la Tierra junto con la luz dorada.

Ahora tu pantalla está completamente limpia. Coloca en ella una o varias imágenes de tu hijo sano, exitoso, feliz, guiado, protegido, a salvo, etc. Baja del cielo una luz dorada e ilumina esa imagen con ella. Esta vez no drenes nada, sólo impregna con dorado toda la escena y déjala ahí.

Atrae esa pantalla hacia ti e instálala en el centro de tu pecho; integra en ti esa imagen iluminada con dorado y consérvala ahí.

Cada vez que lleguen a ti imágenes de tu hijo pasándole algo, contacta esta imagen que guardas en el centro de tu pecho.

También puedes, en cualquier momento y cuantas veces lo desees, decirte frases como: «Mis hijos están a salvo dondequiera que van», «Dios protege a mis hijos», etc., además de visualizarlos protegidos, llenos de luz, guiados.

Mi experiencia profesional con mucha gente me ha enseñado que todas estas prácticas funcionan; pero no te pido que me creas, de hecho, te pido que no me creas, te pido que lo vivas, lo experimentes y decidas si es algo que funciona para ti.

Pero también te pido que no prejuzgues nada en la vida si no lo has experimentado; no tenemos derecho a decir que algo es bueno o malo, útil o inútil, cierto o falso, si antes no lo hemos observado, estudiado, probado y vivenciado.

Cuando era niña, nunca creí las maravillas que mi madre decía sobre el sabor del mango de Manila; creía que trataba de convencerme para que lo comiera porque era nutritivo. Años después lo probé por propia voluntad y su increíble y extasiante sabor lo convirtió desde ese momento en mi fruta favorita. Si dudara de la existencia del gran amor de Dios, su creación llamada mango de Manila me convencería.

Conclusión

Estoy convencida hasta la médula de todo lo que he escrito en este libro, y lo he escrito con el enorme y honesto deseo de contribuir a llenar con amor las frecuentemente dolorosas relaciones entre padres e hijos.

Estoy convencida de que al conocer las dinámicas inconscientes entre nosotros, podremos comprender mejor lo que nos pasa y por qué nos pasa, y ser más compasivos los unos con los otros.

Estoy convencida de que el amor es lo que más importa en la vida y de que nuestro mayor esfuerzo o interés debe estar dirigido hacia su búsqueda y el desarrollo de nuestra habilidad para amar.

Estoy convencida de que el amor puede romper patrones de relación disfuncionales que se vienen arrastrando de generación en generación, reivindicando a las generaciones anteriores y liberando a las siguientes de seguir arrastrando esos patrones.

Estoy convencida de que el amor es la respuesta a los problemas del mundo, y que no importa qué comportamiento dicte la sociedad, tu hogar es tu santuario y el de tus hijos y sólo tú puedes decidir qué quieres cultivar en él.

Estoy convencida de que abrir nuevos caminos de comunicación en los planos internos contribuye infinitamente a limpiar, renovar y reconstruir los caminos de relación en los planos externos y que el trabajo con las prácticas propuestas aquí te ayudará a lograrlo.

Mensaje final

Ser padre es una aventura que no termina, somos padres hasta el fin de nuestra vida y hasta entonces seguiremos proyectando necesidades, sentimientos y toda clase de características propias en nuestros hijos. Esperar que «no nos vuelva a suceder» sería como esperar que dejemos de ser humanos.

No se trata por tanto de que no nos suceda, sino de ser conscientes cuando nos está sucediendo, porque sólo así podremos hacer algo al respecto.

Y allá arriba siguen brillando las estrellas, sigue saliendo el sol cada mañana, las plantas floreciendo y el mar fluyendo. Tú decides si descorres tus oscuras y pesadas cortinas para ver las estrellas en la noche, dejar que el sol entre por el día, ver las flores y contemplar el mar. Tú decides si además abres la puerta y sales y dejas que el sol entibie tu cuerpo frío; que el mar toque y humedezca tu piel seca; que el aroma de las flores te perfume y que las estrellas te inunden de paz y fascinación. Tú decides si lo tomas o lo dejas, si lo miras desde dentro o sales para vivirlo y sentirlo. Tú decides si lo ves pasar sólo como espectador o te integras y te conviertes en actor. Todo está ahí, esperándote, como siempre estuvo y como siempre estará.

Gracias por haberme permitido entrar a tu hogar,
a los rincones más íntimos, como a los amigos
de confianza. Estamos todos juntos en esto...
y lo estamos haciendo bien.

Anexo

Tecnología: un nuevo miembro en la familia

¡Feliz cumpleaños, *Tu hijo, tu espejo*!

¡Hola de nuevo!

Tu hijo, tu espejo cumple XV años de haber sido publicado. Salió a la venta en marzo de 2002 y desde el principio mostró su potencial y su fuerza para convertirse en un *best seller*, y en el *long seller* que actualmente es.

Nació producto de seguir un sueño y tomó forma al ser nutrido por mi experiencia profesional y personal. Se fortaleció por la sinergia formada de dicha experiencia, del excelente trabajo de las personas que laboran en mi casa editorial y, muy especialmente, de la acogida que mis lectores —como le han dado.

Mi gratitud a mis hijos Marcia y Francisco, a cada uno de mis pacientes, a cada persona de mi casa editorial, y a todos mis lectores, no se puede expresar con palabras, sino sólo a través de las bendiciones y oleadas de amor que constantemente les envío.

Y como una muestra de esa gratitud, te ofrezco un nuevo apartado, "Tecnología: un nuevo miembro en la familia", deseando que lo que aquí te presento contribuya a aclarar tus dudas y a proporcionarte información y apoyo para manejar

155

de la mejor y más sana forma posible este integrante que ha llegado para quedarse y que se ha vuelto parte inseparable de la vida cotidiana de los individuos y de la familia: ¡La tecnología![1] Su fuerza es tan poderosa, su influencia tan profunda y la relación con ella tan trascendente, que la he llamado "un nuevo miembro en la familia". Este nuevo miembro forma parte de la vida cotidiana, define dinámicas de relación, determina formas de ocupar el tiempo, provoca avenencias y desavenencias e influye en las formas en que la familia ha de convivir.

Los padres de generaciones anteriores no tuvieron que lidiar con esto; por ello, no hay modelos a seguir, ni referentes ni experiencias pasadas que nos den luz acerca de cómo manejarnos ante la vigorosa fuerza que la tecnología ejerce en nuestras vidas. Es por ello que, en la actualidad, los padres sobrellevan enormes dudas y cuestionamientos respecto a un sinnúmero de factores alrededor de ella y de su rol en la vida de los hijos y de la familia.

No cometamos el error de despreciar la tecnología, y mucho menos de negar su influencia en la vida de TODOS. Aun cuando algunas personas la usen más que otras, todos, de alguna manera, estamos envueltos en la influencia que ésta tiene en cada una de nuestras facetas. Rechazarla, ignorarla, temerle, considerarla peligrosa o propiciadora de problemas, sólo nos lleva a aumentar las probabilidades de que en realidad se convierta en algo peligroso. En lugar de eso, aprendamos a manejarla, disfrutarla y sacarle todo el provecho y las ventajas que nos ofrece.

---

[1] Con este término me estoy refiriendo a los teléfonos celulares, Iphones, tablets, Ipads, computadoras, aparatos de videojuegos, televisión, y todos los dispositivos que permiten navegar en Internet.

No se trata de renunciar a la tecnología y todo lo que nos ofrece, sino de utilizarla de manera sensata. Ésta sólo se vuelve peligrosa o propiciadora de problemas cuando permitimos que controle y afecte nuestras vidas, en lugar de ponerla a nuestro servicio. La tecnología no sólo es interesante y fascinante, sino que también nos facilita nuestro día a día y nos proporciona una fuente inagotable de información y recursos. Y para que estos objetivos se cumplan, es indispensable tener una "buena relación" con ella y su buen manejo, dándole el lugar que debe tener en la vida personal y familiar para que no se vuelva la protagonista y directora de nuestra cotidianidad.

En primer lugar es indispensable recordar que nosotros —los padres— somos la autoridad en nuestro hogar y, como tales, debemos ejercerla al cien por ciento para poner límites y condiciones respecto al uso de los celulares, Internet y dispositivos. Es probable que nuestros hijos se enojen y estén en desacuerdo ante estos límites, pero como la autoridad que somos nos corresponde, y no a ellos, tomar esas decisiones. *"Hijo, entiendo que esto te moleste, estás en todo tu derecho de enojarte y estar en desacuerdo, pero de todas maneras así se va a hacer".*

Aun cuando en mi práctica profesional me encuentro constantemente con casos de niños y adolescentes que deciden sobre horarios y formas de relacionarse con la tecnología y padres sin autoridad que se los permiten, cada nuevo caso me sigue impactando.

Constantemente escucho de los padres quejas como éstas:

• Los hijos no sueltan su teléfono ni para comer, ni para hacer la tarea, ni para ninguna otra actividad. Inclu-

157

so mientras ven una película, al mismo tiempo revisan constantemente su teléfono.

- Los hijos duermen con su celular, Tablet, Iphone, Ipad, a su lado en el buró
- Los hijos se desvelan mensajeándose con sus amigos hasta muy tarde.
- Los hijos pasan horas y horas jugando videojuegos o navegando en la web y no les interesan otras actividades.

Con todo mi ser, espero que cuando termines de leer este apartado hayas comprendido la importancia de no permitir estas conductas, de poner límites y horarios, y de tomar control sobre el uso de la tecnología, tanto para tus hijos como para ti mismo.

Comencemos ahora a explorar los retos y problemas que en este aspecto los padres enfrentan con mayor frecuencia hoy en día:

a) El uso excesivo de los aparatos.
b) La "enajenación" en relación al uso de los aparatos y de Internet
c) El dar a los hijos un teléfono celular a una edad que no es la adecuada.
d) El riesgo de que los niños y adolescentes tengan acceso a contenido inadecuado para ellos, a través de Internet.
e) El riesgo de que los niños y adolescentes no midan el peligro potencial al proporcionar información personal en redes sociales o sitios de Internet.
f) El riesgo de que tus hijos sean víctimas o victimarios de ciberacoso.

Por su gran importancia, revisaremos cada uno de ellos y veremos algunas recomendaciones para solucionarlos y/o prevenirlos:

a) *El uso excesivo de los aparatos*

No importa dónde nos encontremos, veremos a nuestro alrededor a la mayoría de las personas metidas en su aparato, absortos. Se acabó la época de los "tiempos muertos", es decir, el saber esperar dedicándose sólo a observar o a pensar, sino que cualquier minuto que se tiene disponible, la gente se sumerge en sus teléfonos. Vemos a empleados de todo tipo de negocios clavados en su celular mientras atienden a los clientes, y a madres y padres con sus hijos al lado sin prestarles ninguna atención. También observamos en los restaurantes a grupos de personas que en lugar de convivir entre sí, están mensajeándose con alguien, ignorando a los que tienen al lado y charlando con los que están ausentes.

Este tipo de personas, las que convierten a su aparato en su mejor amigo, su amante, su dios, su compañero inseparable, su oxígeno, su todo, serán las que más dificultad tendrán para poner límites a sus hijos. ¿Cómo podrían hacerlo si son incapaces de imponérselos a sí mismos?

Tanto para los padres como para los hijos es indispensable tener una disciplina respecto al uso de estos aparatos: NUNCA deben ser la prioridad en la vida familiar. Los padres deben establecer horarios y límites al respecto; ellos deben ser los primeros en cumplirlos, pero también han de ser muy firmes con sus hijos en la exigencia del cumplimiento de estas condiciones.

¿Por qué habríamos de poner límites y restricciones en cuanto a la cantidad de tiempo que les permitiremos a los hijos (y a nosotros mismos) el uso de los aparatos?

Jaume Cortés, autor del libro *Invisible* de editorial Col-lectiu Ronda, presenta en su obra interesantes conclusiones sobre estudios realizados por el doctor Markus Schmit y su equipo del departamento de Neurociencias del Instituto Karolinska de Estocolmo, referentes a la influencia que el electromagnetismo que irradian los aparatos antes mencionados, ejerce sobre los seres humanos. También la doctora Devra Davis[2], autora del libro *The Secret History of the War on Cancer*, el doctor Andrei Tchernitchin[3] y el doctor Joseph Mercola[4] (por mencionar sólo los que en lo personal más me han impactado) y numerosos investigadores más, han realizado profundos estudios a este respecto, cuyas conclusiones es indispensable conocer.

---

[2] Epidemióloga, directora fundadora de la Academia Nacional de Ciencias de los Estados Unidos, en el Consejo de Estudios Ambientales y Toxicología. Directora del Centro de Oncología Ambiental. Reconocida investigadora sobre prevención de enfermedades y factores de salud ambiental, seguridad y peligros de los químicos.

[3] Endocrinólogo, Director del Laboratorio de Endocrinología Experimental y Patología Ambiental ICBM, de la Facultad de Medicina Universidad de Chile. Investigación científica en temas de toxicología ambiental,

[4] Especializado en medicina osteopática, reconocido investigador sobre diversos temas de salud, director del departamento de medicina familiar del St. Alexius Medical Center, ganador de diversos premios y reconocimientos sobre sus investigaciones. Autor de 9 libros y un sinnúmero de publicaciones en revistas médicas y científicas.

De acuerdo a todos ellos, la radiación electromagnética de la telefonía celular, a la cual todos estamos expuestos, es un factor que aumenta poderosamente la probabilidad de desarrollar enfermedades como leucemia, cáncer cerebral, cáncer de mama, depresión, ansiedad, Alzheimer, afectación de la memoria y la atención, hiperactividad, depresión, irregularidades cardiacas. Muchas de estas enfermedades, producto de la exposición extrema al electomagnetismo, pueden tardar hasta 20 años en presentarse.

Estos estudios demuestran de forma concluyente que nuestro ADN se desfragmenta debido a estas radiaciones, por lo que el aumento en las probabilidades de desarrollar todas estas enfermedades cobra todo el sentido.

En los niños, y en especial en los de corta edad, el efecto de esta radiación causa más daño, especialmente cerebral, que en los adultos. Esto se debe a que el espesor del cráneo, es decir, la distancia que debe atravesar la radiación desde el teléfono hasta el cerebro, es significativamente menor en niños que en adultos. Y estas secuelas son proporcionales al tiempo de exposición y a las horas de uso de dichos artefactos.

Afirma el Dr. Andrei Tchernitchin en un reporte publicado por la Universidad de Chile, del cual él fue el autor principal.

Un artículo presentado por el doctor Joseph Mercola, basado en investigaciones del National Institute of Environmental Health Sciences Abril 25, 2012 y el Environmental Health Trust Mayo 2012 confirma lo mencionado en el párrafo anterior:

Lamentablemente, los niños y los adolescentes están en mayor riesgo —tanto para desarrollar tumores en la glándula parótida y tumores cerebrales—, ya que sus huesos del cráneo son mucho más delgados, lo que permite que haya mayor penetración por parte de la radiación. La radiación puede entrar por su cerebro medio, en donde los tumores son más mortales. Además, las células de los niños se reproducen más rápido, por lo que son más susceptibles a un crecimiento agresivo. Los niños también tienen mayor riesgo debido a que tienen mayor tiempo de exposición.

Aun cuando hay muchísima evidencia científica sobre lo mencionado, algunas empresas con intereses económicos, e incluso gobiernos de algunos países, han intentado enterrar y descalificar estos estudios, patrocinando otros que desacrediten sus resultados. Lamentablemente, el pan de cada día en nuestra sociedad son este tipo de historias en las que se pretende ocultar información vital para las personas, en aras de los intereses económicos de algunos.

Otra conclusión de los estudios del doctor Mercola, afirma que los niños que utilizan teléfonos celulares tienen:

- 80 por ciento más probabilidades de tener problemas de conducta.
- 25 por ciento más riesgo de problemas emocionales.
- 34 por ciento más probabilidades de tener problemas para relacionarse con los demás.
- 35 por ciento más probabilidades de ser hiperactivos.

Hace algunos meses llegó a mi consulta una pareja desesperada por los múltiples problemas que su hijo de 8 años presentaba. Las autoridades escolares les indicaron que de manera urgente debían llevar al niño con un profesional. Cuando me contaron lo que estaba sucediendo noté que el niño presentaba todos los síntomas de un uso excesivo de tecnología: constante mal humor, quejumbroso todo el tiempo y por todo, hiperactividad, ansiedad, cambios de humor, dificultad para conciliar el sueño, despertar durante la noche sin poder tener un sueño profundo, falta de apetito, etcétera.

El niño se pasaba la tarde en los videojuegos, en el Ipad y en el teléfono, hasta aproximadamente media hora antes de ir a la cama.

Con base en la información recibida y a mis observaciones sobre este caso, concluí que probaríamos lo que me parecía la primera opción en el intento de resolver el problema. Al estar los padres tan desesperados, estaban dispuestos a seguir al pie de la letra mis indicaciones.

Recomendé que durante una semana el niño no tuviera contacto alguno con los aparatos mencionados, y que en su lugar lo sacaran al parque a andar en bicicleta, a jugar; que en casa lo pusieran a dibujar, que jugaran juegos de mesa y realizaran toda clase de actividades divertidas que no tuvieran nada que ver con el uso de tecnología.

La semana siguiente los padres regresaron a consulta con una gran sonrisa y optimismo, producto de los excelente resultados obtenidos. "¡Es otro niño!", dijo la mamá, mientras que el padre asentía con entusiasmo, confirmando lo que la madre me contaba. Obviamente, comprendieron la importancia de no volver atrás y de continuar con esos cambios saludables, cuya eficacia habían comprobado.

Muchas veces los padres permiten que los niños pasen horas usando tecnología, porque es muy cómodo para ellos. Así, simplemente se desentienden de ellos, dejando su cuidado a las "nanas electrónicas", sin tener que incomodarse en dedicarles atención. ¡Gran error!

Recomendaciones:

Para evitar en la medida de lo posible la exposición al electromagnetismo y sus secuelas, los expertos hacen las siguientes recomendaciones:

- No escribir con la Laptop encima de las rodillas
- De preferencia, cambiar el Wi Fi por cable
- No dormir con el celular a nuestro lado, sino fuera de la recámara. Si lo usas como despertador, mejor cómprate uno.
- Utilizar el celular en altavoz o con manos libres para no tenerlo pegado a la cara mientras hablamos; por el contrario, mantenerlo lo más lejos posible.
- En lugar de hablar, enviar mensajes y sólo usarlo para hablar cuando sea indispensable
- No utilizar cámaras para vigilar a los bebés, ya que emiten este tipo de electromagnetismo.
- No cargar el celular pegado al cuerpo como en el cinturón, el bolsillo de la camisa o del pantalón.
- Evitar todo lo posible el uso del celular, sobre todo en niños y mujeres embarazadas

b) La "enajenación" en relación al uso de los aparatos y de Internet

Este tema está íntimamente relacionado con el anterior. En este contexto, "enajenación" significa dedicar tanto tiempo,

164

energía e incluso dinero al Internet, las redes sociales y los dispositivos, que se dejan de lado otras actividades de suma importancia, como las deportivas y artísticas, la convivencia con amigos y familia, las obligaciones escolares y la compra de artículos de primera necesidad. Todo pasa a segundo o tercer plano.

Existen casos en los que este asunto llega a niveles tan altos que se diagnostica como una adicción a Internet o a la computadora. Quienes experimentan este problema alcanzan un estado de euforia mientras los usan, y una ansiedad, desesperación o angustia si no pueden tener acceso a ellos. Pueden tener problemas para dormir y dificultad para concentrarse, porque lo único que desean es volver a hacer uso del equipo.

Si tu hijo pasa o desea pasar tres o más horas en la computadora o videojuegos, debes considerar que hay un problema y actuar al respecto, tomando en cuenta las siguientes recomendaciones:

- Habla con tu hijo y explícale que lo que hace no es sano. Sé comprensivo para escucharlo y entender sus razones, pero también dile con firmeza que esta conducta no se permitirá de hoy en adelante. Infórmale que puede usar los aparatos sólo media hora o una hora al día, según la edad, cuando no se trate del uso para hacer tareas. Supervisa muy de cerca que cumpla con esa condición.
- Mueve la computadora o el aparato de videojuego a un lugar abierto de la casa, que no esté dentro de su recámara, ya que así será más fácil de supervisar.
- Pon una contraseña que sólo tú conozcas para el ingreso a la computadora, de manera que te enteres cuándo tu hijo desea iniciar su actividad.

- Implementa en su vida otras actividades que le interesen, como hobbies, deportes, arte, etcétera.

Informa bien claro a tus hijos que cuando no cumplan tus reglas, les retirarás el aparato (celular, computadora, Ipad, Wii, etcétera) un día o dos por cada vez que no cumplan. Deben entender que hablas en serio y que ellos deben respetar tus límites y condiciones.

Por ejemplo:

- Prohibido usar estos aparatos durante las horas de la comida; cuando están realizando juntos alguna actividad (como ver una película en casa); cuando están conversando algún asunto importante o mientras hacen la tarea.
- Si salen a comer a un restaurante, todos dejan sus teléfonos en casa, y sólo se lleva uno por si algo se llegara a necesitar, pero no para usarlo durante la comida.
- Sólo va a utilizar el videojuego, Ipad, etcétera, por una hora o los minutos que hayas decidido. Verifica la hora que es y especifícale que lo dejará cuando hayas convenido. A los niños pequeños les puedes poner una alarma y explicarles que cuando suene es hora de dejar de jugar, apagar la televisión o pasar a la siguiente actividad.
- Establecer un horario en la noche (por ejemplo las 7, 8 o 9 pm según la edad de los hijos), a partir del cual los aparatos se dejan de usar, se apagan y se dejan fuera de la recámara en un lugar específicamente designado para ello. Y así todas las noches.

Tanto para los niños como para los adultos, dormir con el celular al lado no sólo los expone a estar recibiendo la radiación electrómagnética durante toda la noche, sino que no les permite alcanzar un sueño profundo y reparador. Debido a que estamos totalmente condicionados a que de ese aparato surgen mensajes, correos, etcétera, nuestro cerebro no alcanza los niveles de sueño profundo, sino que por ese condicionamiento se queda en estado de "alerta", al pendiente de la recepción de un mensaje o correo, aun cuando lo tengamos en silencio.

Por otra parte, es un gran error permitir que los niños vean televisión o usen los aparatos antes de dormir. Además del electromagnetismo mencionado, los videojuegos y caricaturas que los niños ven presentan tremenda estimulación visual y auditiva: altos y cambiantes sonidos, colores, imágenes que se mueven y cambian con gran rapidez. Toda esta estimulación visual y auditiva incrementa la actividad de su cerebro y los pone alterados e inquietos, y como consecuencia, su sueño y su descanso se verán afectados, haciendo imposible que alcancen las etapas profundas del sueño. Esto es de gran relevancia, ya que durante esas etapas profundas, el cuerpo y el cerebro de los niños no sólo se recuperan del desgaste del día, sino que también reponen diversas hormonas que favorecen la producción de anticuerpos y por tanto el sistema inmunológico se refuerza. Se produce la hormona del crecimiento que además de regularlo, también influye en la reparación de los tejidos y el buen funcionamiento de diversos órganos.

No esperes que tus hijos de cualquier edad acepten gustosos tus normas y horarios. Pero explicarles las razones por las que los estableces y proporcionarles la información que aquí te he presentado, aumenta mucho las probabilidades de que entiendan tus porqués y hasta que por su propia cuenta sean cuidadosos en el uso de los aparatos. Si aun así tu hijo reclama y se enoja, recuerda: *"Hijo, estás en tu derecho de enojarte y de no estar de acuerdo, pero de todas maneras así se va a hacer"*.

Por el bien de tus hijos, por el tuyo, por el de todos, recuerda que tú eres la autoridad en casa, y quien debe tomar las decisiones respecto a todos los asuntos que conciernen a la salud física y mental de tus hijos.

c) *El dar a los hijos un teléfono celular a una edad que no es la adecuada*

¿Y cuál es la edad adecuada?, te preguntarás. Normalmente en la pubertad, pero eso dependerá de la personalidad del chico y las circunstancias familiares, pero sobre todo, de la disponibilidad y madurez que tenga para respetar las reglas y condiciones que como padre has establecido respecto al uso del aparato. Explícale muy bien esas reglas y asegúrate de que las comprendió. Si las cumple, conservará el celular; si no lo hace, se lo quitarás y le avisarás el porqué, informándole que cuando esté listo para observar las condiciones, lo podrá tener. No se aceptan promesas de que lo cumplirá, sólo hechos que lo demuestren.

d) *El riesgo de que los niños y adolescentes tengan acceso a contenido inadecuado para ellos, a través de Internet*

Algunos padres deciden dar a sus hijos un teléfono que tiene acceso a Internet. Si es el caso, es conveniente acudir a la compañía de telefonía móvil y pedir asesoría sobre la forma de desactivar ciertas funciones o restringir el acceso a ciertos sitios de Internet (filtro web). Incluso, hay en la actualidad algunos teléfonos celulares diseñados específicamente para niños, que limitan el acceso a ciertos sitios web y controlan los minutos de uso.

Lamentablemente, algunos padres permiten que sus hijos naveguen por la web libremente, sin revisar lo que están viendo o a qué sitio ingresaron. A ellos yo les digo que mejor los dejen en medio de un *high way* (carretera de alta velocidad) o les den una pistola cargada para que jueguen. Seguro lo has comprobado: cuando estás viendo un video en Youtube por ejemplo, en el lado derecho de la pantalla te presentan una cantidad de videos relacionados al tema... y algunos, no tan relacionados. Si le das clic a uno de esos, luego te lleva a otro menú, y si le sigues, terminas viendo videos que no tienen nada que ver con el que iniciaste. Muchos de ellos son maravillosos y enriquecedores; otros son pura basura. Es necesario que supervises lo que tus niños ven.

En lo referente a la computadora, también hay que pedir asesoría para aprender cómo restringir el acceso a ciertos sitios web y poner contraseñas para el uso de ciertas funciones, de manera que cuando desean usarlas, tendrá que ser porque los padres están al tanto y lo aprueban.

Respecto a las redes sociales, los chicos deben saber que los padres tienen derecho a revisar eventualmente sus cuentas de Facebook, Twitter, Instagram, etcétera, para estar al tanto de con quién y de qué forma se relacionan. Esta supervisión no sólo es tu derecho como padre, sino también tu obligación.

Muchos consideran que esto es una falta de respeto y una intromisión en la intimidad de los hijos. Permíteme decirte que en esta área de la vida de los niños y adolescentes no son aplicables semejantes ideas. De hecho, deberíamos prohibir que sus aparatos tengan contraseñas y aclararles que eventualmente veremos sus cuentas de redes sociales. Es así o nada. Las únicas alternativas son: Aceptas esto o no hay aparato.

Revisar sus redes sociales no debe ser un secreto; por el contrario, le avisarás y lo harás delante de tu hijo. No avises con anticipación ("el domingo voy a ver tu Facebook"), sino en el instante en que lo harás: "Ven conmigo, voy a ver tu Facebook". Insisto, es eso o nada. Si no acepta permitir esto, no hay aparato.

Si dejáramos de confundir el respeto con los límites que son extremadamente saludables y necesarios, evitaríamos un sinnúmero de desgracias que todos los días le suceden a los niños y adolescentes con padres que no supervisan, como podrás comprender si revisas la página de la "Alianza por la seguridad en internet", o el libro cuyo director Armando Novoa Foglio escribió: *Internet sin peligro para tus hijos* de Editorial Escuelaparapadres.

Sobre los videojuegos

Los videojuegos, como casi todo en la vida, tienen su lado bueno y también pueden convertirse en una tremenda amenaza para la salud emocional y psicológica de tus hijos.

Entre los beneficios que pueden aportar se encuentra el que contribuyen a desarrollar los reflejos y la coordinación visomotora, la cual es una herramienta clave para el desarrollo de habilidades como de la atención y la concentración.

No obstante, existe la otra cara de la moneda que no debemos ignorar. Numerosos estudios realizados con niños y adolescentes de todo el mundo muestran que pasar muchas horas en esa actividad sedentaria les atrofia el desarrollo de músculos y huesos, porque lo único que mueven son los dedos. Asimismo, cuando usan videojuegos violentos van perdiendo la capacidad de sentir y expresar compasión, ternura e interés por las necesidades y los sentimientos de otros, y aprenden a ver como algo normal la sangre, la agresión, el abuso y el asesinato.

El uso excesivo de videojuegos, aunado a los temas violentos, conducen a que en corto tiempo los chicos puedan comenzar a presentar depresión, mal humor y ansiedad, y un consecuente deterioro en el rendimiento académico, así como la atrofia de la imaginación y la creatividad. Todo esto aunado a las consecuencias de la exposición prolongada al electromagnetismo, que previamente presenté.

Para evitar lo anterior, los expertos recomiendan lo siguiente:

- No permitas que tus hijos usen el videojuego por más de una hora al día. Este tiempo es más que suficiente. Provéeles además de actividades sanas como el deporte, el arte y la convivencia con amigos y familia.
- Cuida el contenido de los videojuegos que les compras o les permites utilizar y conócelo tú mismo antes de aprobarles su uso.

e) *El riesgo de que los niños y adolescentes no midan el peligro potencial al proporcionar información personal en redes sociales o sitios de Internet*

Es de suma importancia hacer conscientes a los chicos de que lo que informan, comparten o mencionan en Internet

171

tiene consecuencias: ahí se queda para siempre y puede llegar a muchísima más gente de la que ellos imaginan. Nunca podrán controlar que lo que le dicen a una persona ahí se quedará.

Por lo anterior, es muy conveniente que los hagas conscientes de que si comparten con alguien información personal como números de teléfono, domicilios, correos electrónicos, datos bancarios, horarios y costumbres familiares, etcétera, puede ser visto por otros que podrían hacer mal uso de dicha información.

Una vez más, te recomiendo hacer contacto con la "Alianza por la seguridad en internet" y leer el libro de Armando Novoa Foglio.

f) *El riesgo de que tus hijos sean víctimas o victimarios de ciberacoso*

El acoso escolar ha existido siempre, pero en la actualidad se presenta una faceta que no se daba en otras épocas: el ciberacoso. Esta forma de *bullying* ha merecido gran atención últimamente, debido a que hay estudios que muestran que genera más suicidios en los chicos que el acoso físico o psicológico. El 59% de los niños y adolescentes que se suicidan son víctimas de ciberacoso. Una de las razones es el intolerable nivel de frustración e impotencia que experimenta la víctima, ya que no tiene ninguna posibilidad o control para borrar los videos, fotos o comentarios humillantes que se hacen de su persona, los cuales, al viralizarse, lo dejan totalmente expuesto a las burlas, desprecio y acoso de más y más personas cada día. El suicidio, pues, resulta la única puerta de salida para quien está atrapado en esto.

Si además es muy vulnerable emocionalmente y no cuenta con el apoyo de alguien, las probabilidades aumentan.

El ciberacosador

Es aquel que humilla, molesta y acosa a alguien a través de las redes sociales, blogs o cualquier sitio de Internet. La actitud que debes tomar ante este problema debe ser firme y absoluta; es decir: ¡CERO TOLERANCIA a que tus hijos lleven a cabo estas conductas! He aquí las siguientes recomendaciones:

- Enseña a tus hijos que no tienen derecho de subir fotos, videos o comentarios sobre otra persona sin su autorización, ya que al hacerlo pueden herir sus sentimientos o causarle problemas muy serios.
- No toleres que tus hijos usen el celular o Internet para burlarse, intimidar o molestar a otras personas. Si lo hacen, les retiras el aparato de inmediato.
- Explícales que no es correcto que suban algo o se comuniquen con alguien fingiendo ser otra persona (un maestro, un compañero, etcétera.)
- Por ello es tan importante revisar sus redes sociales eventualmente, como recomendé en el apartado anterior.
- Si no respetan tus condiciones, quítales el equipo y dispositivos hasta que estén dispuestos a entender que no tienen otra opción y que de ninguna manera tolerarás que los usen para burlarse o molestar a otros.
- Infórmales sobre las consecuencias del ciberacoso, que pueden llevar a un niño o adolescente a mucho sufrimiento, incluso al suicidio.

- Enséñales la empatía (ponerse en el lugar del otro), llevándolos a reflexionar sobre esto: "Imagina que fueras tú al que le hicieran/dijeran eso… ¿Cómo te sentirías?"

El ciberacosado

Es muy importante que fortalezcas la confianza de tu hijo en ti, haciéndole sentir que lo proteges y lo apoyas, propiciando que hable de lo que está pasando sin juzgarlo y sin minimizar sus sentimientos con expresiones como: "estás exagerando", "no les hagas caso", y asegurándole que es una persona valiosa y que tiene derecho a ser respetado.

Si tu hijo es víctima de acoso o ciberacoso, inmediatamente hay que tomar acciones al respecto, averiguando quién lo está molestando, hablando con autoridades escolares o con los padres del acosador si es necesario, bloqueando y reportando a esa persona y saliendo de esa red social, salón de chat o sitio donde se está dando el acoso.

Siempre anima a tus hijos a confiar en sus corazonadas e instintos cuando tengan alguna sospecha, y a hablarte al respecto.

Otras recomendaciones:

- Expón a tus hijos a la "vida real"

Algunos padres son muy jóvenes y no les hará mucho sentido lo que a continuación presentaré, pero a otros, que sí vivieron la etapa a la que me referiré, les hará todo el sentido del mundo.

174

Hace algunos años (ni siquiera tantos), antes de la aparición de Internet, íbamos a las bibliotecas a investigar y escribíamos a máquina o a mano las tareas encomendadas. Para conseguir las cosas tomábamos todas las acciones necesarias, como levantarnos de la silla, hablar por teléfono, salir de casa para dirigirnos a cierto lugar, pedir apoyo a quien nos lo pudiera dar para encontrar lo que andábamos buscando, etcétera.

Hoy en día, nuestros niños y adolescentes tienen el mundo a su disposición con el toque de un dedo. Obtener información o conseguir casi cualquier cosa que desean está tan lejos como un clic del mouse, o peor aún, el toque de un dedo. Con su Ipad, tablet, Iphone enfrente, simplemente tocan lo que desean y se abre ante ellos un mundo para que lo obtengan. Ahí está todo, como si fuera magia.

Pero la vida real no es así. Las cosas no llegan a nosotros con sólo tocar algo, sino como producto de una serie de acciones, a veces sencillas y a veces difíciles. Cuando los hijos no están expuestos a la vida real, sino a la vida ficticia de conseguir que lo que desean aparezca frente a ellos con un clic o el toque de un dedo, las consecuencias que esto podrá tener para ellos son espeluznantes: incapacidad de tomar acciones para lograr algo, de tolerar los obstáculos que a veces el lograrlo nos presenta, de soportar que muchas cosas sólo se consiguen con esfuerzo, y de contraer lo que yo llamo "enfermedad de la ley del menor esfuerzo", que aqueja a tantos niños y jóvenes en la actualidad. Esta enfermedad se manifiesta en una flojera existencial, una veneración a la comodidad, un anticipo al fracaso, una actitud de exigencia y una incapacidad de superar obstáculos y problemas y de tolerar cuando la vida no es del color y sabor que a ellos les gusta. Sobra decir el futuro que a estos chicos les espera.

Por ello, proporciona a tus hijos actividades y experiencias que conlleven acciones para lograr algo, siguiendo los pasos necesarios para ello. Por fortuna, actualmente algunas escuelas y universidades exigen que los alumnos entreguen las tareas escritas a mano para evitar la práctica del "copiar-pegar" que tan popular se ha vuelto entre los alumnos. Si la tarea es del sistema digestivo, simplemente pone esas palabras en el buscador, toca el encabezado de su preferencia para que se abra, copia y pega en su hoja de tarea. Dime por favor: ¡¿Qué tiene que ver eso con la vida real?!

Por tanto, como padre te toca compensar la vida ficticia que la tecnología puede presentarle a tus niños y adolescentes, llevándolos a experimentar el logro de algo a través de cada paso, de cada acción necesaria, con el poco o mucho esfuerzo que conlleve.

Quienes pasamos por aquella etapa de esforzarnos por conseguir lo que queríamos, tenemos todo el derecho de poder conseguir algo con sólo tocar una pantalla, de encontrar información sin ir a la biblioteca, y de disfrutar de todas y cada una de las formas en que la tecnología nos facilita la vida, porque ya desarrollamos las capacidades necesarias para enfrentar cualquier situación. Quienes no vivieron esa etapa no se han ganado tal derecho, porque su desarrollo de dichas capacidades está truncado. Primero el esfuerzo, luego el derecho a no esforzarse.

Dicho todo lo anterior, nos queda claro que al vivir en esta época donde los factores mencionados en este apartado son parte inseparable de la vida, nuestra función como padres en relación a estos aspectos bien puede resumirse en lo siguiente:

Mucho amor, supervisión cercana y constante, protección y apoyo en sus problemas, límites y reglas bien claras y firmes, y restricción de los dispositivos si no se cumplen.

Entonces podremos disfrutar junto con nuestros amados hijos del universo de información y maravillosas posibilidades que la tecnología nos ofrece.

Y aquí termino este apartado, pero la relación entre ustedes mis lectores y yo, no terminará. Seguiremos caminando juntos hasta el fin de nuestros días. Es imposible separarnos, porque hemos llegado a establecer uno de esos vínculos profundos que permanecen.

En agosto del año 2000, cuando terminé de escribir *Tu hijo, tu espejo* y puse el punto final, era un día nublado y lluvioso. Hoy, que termino de escribir este apartado con el que celebro sus XV años de haber sido publicado, es un día exactamente igual que aquel: nublado, lluvioso, silencioso y cargado de una energía especial que me invade y me provoca un gran gozo y gratitud.

¡Infinitas gracias a todos y cada uno de ustedes,
mis queridos lectores!
¡Y seguimos adelante!

Y así, emulando aquel día especial, termino con el mismo párrafo con el que concluí *Tu hijo, tu espejo*.

Gracias por haberme permitido entrar a tu hogar,
a los rincones más íntimos como a los amigos de confianza.
Estamos todos juntos en esto… ¡Y lo estamos haciendo bien!

Agradecimientos

A mis pacientes y alumnos por confiar en mí y permitirme acompañarlos en un tramo de sus vidas.

A Miriam Martínez, Beatriz Laguna, Gerardo Castillo, Pedro Carrera y toda la gente de editorial Grijalbo por su apoyo en hacer realidad este libro.

A Marsha de Hernández, Annie Stirling, Alberto Bertrán, Luis Corona, Elsa Devoto, John Dizdar, Klaus Uhlig y al pueblo y la gente de Barra de Navidad, Jalisco, por lo que aportaron a mi vida durante el tiempo en que escribí este libro.

A mis hijos, a mis padres, a la vida, al mar.

Martha Alicia Chávez es una reconocida psicóloga, con especialidades en psicoterapia familiar sistémica, programación neurolingüística, hipnoterapia ericksoniana y terapia en alcoholismo y adicciones. Es considerada una autoridad en temas concernientes a la educación de los hijos y las relaciones entre estos y sus padres. Numerosos profesionales de la salud utilizan sus libros como base para su trabajo terapéutico y para impartir cursos y talleres. Sus obras son textos obligados en la bibliografía de universidades e instituciones educativas. El positivo impacto que genera proviene de una vasta experiencia profesional y de un honesto compromiso con su propio crecimiento interior.

Es autora de los éxitos *Tu hijo, tu espejo, Todo pasa… y esto también pasará, Te voy a contar una historia, En honor a la verdad, Hijos tiranos o débiles dependientes, 90 respuestas a 90 preguntas, Mamá, te quiero; papá, te quiero, Hijos invisibles, Hijos gordos* y *¡Con golpes no!*